이두로 본 백제 역사

이두로 본 백제 역사

초판 1쇄 발행 2025년 2월 28일

지은이   김영덕
펴낸이   김영덕
펴낸곳   바히네 출판사
주소   서울시 마포구 독막로 209
전화   (02)715-4684
e-mail   bahine@hanmail.net
등록번호 제2014-000109호

값 18,000원

ISBN 979-11-952920-6-6 03910

이 책은 저작권법에 따라 보호받는 저작물이므로 무단 전재와 무단 복제를 금지하며,
이 책 내용의 전부 또는 일부를 이용하려면 반드시 저작권자와 바히네 출판사의 서면 동의를
받아야 합니다.

이두로 본 백제 역사

김영덕 지음

바히네
출판사

머리말

옛 고전에는 이두[1]로만 알 수 있는 글이 적지 않다.
　가령 위지 한전에 혹가或加라는 글귀가 있다. 이제까지 모든 이가 혹은 더하다고 이 말을 읽었기에 미찌/미추홀이라는 나라가 서기 346년까지 존재했던 역사 사실을 모르고 있었다. 이 혹가或加는 꼬까의 이두 표기이며 최고 내지 최상을 뜻하는 말이던 것이다.
　졸본 부여에서 남하하여 한반도로 온 왕족인 비류와 온조는 일족과 가족을 이끌고 한강가에 자리잡고 비류왕은 미찌/미추홀을 세우고 온조왕은 백제를 세운 것이 삼국사기는 서기전 1세기라고 한다. 비류가 시조인 미찌/미추홀은 한동안 인천에 있다가 서기 246년에 우리구루로 왕도를 옮기고 서기 346년까지 이곳에 있었다.
　그런데 이들 미찌 사람들은 서해안 따라 더 남하했고 한반도 남해안과 북규슈에까지 퍼져 살았던 것이다. 이들이 이주 역사를 밝혀 주는 한 가지 증거는 이들이 지닌 믿음이던 것이다.
　곧 소마리 믿음이다. 소는 신령, 마리는 산을 뜻하는 옛말이데 숭산崇山이라고 이두표기했고 일본서기는 소시모리曾尸茂梨라고 적고 있던 것이다.
　마한과 변한을 거느리던 미찌의 이주민 가운데 규슈로 간 히미꼬 여왕은 야마또 나라를 세웠고 그 일부인 모노노베씨는 나라현 시끼로 4세기 초에 이주해 세운 고을 나라는 서기 396년에 역시 이곳으로 망명해 온 백제 후왕 고마 확기가 이곳에 대왜를 세우게 된 것을 알게 된 것도 이두 덕이다.

　서기 396년에 있던 고구려 침공으로 백제가 힘을 잃자 가야 지방에 있던 일곱 다무로는 일제히 독립 왕국이 된 것인데 이러한 사실을 이나리야마 칼글의 이두풀이로 알 수 있었던 것이다.

　이 이나리야마 칼 글에 개로 대왕의 존칭으로 꼬까가 획가獲加로 나오고 있기도 하다. 놀랍게도 개로 대왕은 젊어서 안꼬 천황으로 왜나라를 한동안 다스렸고 그 아우 고니끼/곤지는 유랴꾸 천황이었던 것도 알 수 있던 것이다.

　아울러 혼슈 사이따마 현 교다시 일대와 규슈 다마나시 일대도 5세기에 백제 다무로였던 사실은 이나리야마 칼과 에다후나야마 칼에 새긴 글을 이두로 풀이하면서 알게 된 것이다. 이에 더하여 무령대왕이 젊었을 때 왜왕무武로 왜나라를 서기 477년에서 서기 500년까지 다스렸던 역사도 스다하찌만 거울에 새긴 글을 이두풀이 하면서 알 수 있었던 것이다.

대왜의 첫 임금은 오오진 천황이며 본래 백제 확기 곧 후왕이었던 것을 실명의 이두풀이로 알 수 있던 것이다. 안꼬 천황 이후는 여씨이며, 오늘날까지도 왜 황실의 성씨는 여씨이며 백제 왕실과 한 집안이던 것이다.

끝으로 서기 660년 백제가 라·당 연합군의 침공을 받을 때 3만이라는 대군으로 백제 구원에 왜나라가 나선 것도 두 왕실이 한 집안 여씨였기 때문이던 것이다.

이렇듯이 이두는 백제 역사를 밝히는 데 크나큰 도움이 되는 것이다.

2024년 12월

김영덕

차 례

머리말 4

1부. 가라 시대 10

1장. 박, 석씨 왕조의 유래 / 11
2장. 김씨 왕족의 유래 / 20
3장. 미찌와 진왕 / 28
4장. 소마리 / 58

2부. 가나다라 시대 82

5장. 근초고왕 / 83
6장. 가야 왕국들 / 102
7장. 전지왕 / 123
8장. 개로대왕 / 126

3부. 고마 시대 ⋯⋯⋯⋯⋯⋯⋯⋯⋯⋯⋯⋯⋯⋯⋯⋯⋯⋯⋯⋯⋯⋯⋯⋯⋯⋯ 138

    9장. 문주왕 / 139

    10장. 동성왕 / 142

    11장. 무령왕 / 146

4부. 소부리 시대 ⋯⋯⋯⋯⋯⋯⋯⋯⋯⋯⋯⋯⋯⋯⋯⋯⋯⋯⋯⋯⋯⋯⋯ 160

    12장. 성왕 / 161

    13장. 위덕왕 / 167

    14장. 무왕 / 169

    15장. 의자왕 / 173

부록. 이두란 무엇인가? ⋯⋯⋯⋯⋯⋯⋯⋯⋯⋯⋯⋯⋯⋯⋯⋯⋯⋯ 180

1부. 가라 시대

1장 박, 석씨 왕조의 유래

2장 김씨 왕조의 유래

3장 미찌와 진왕

4장 소마리와 이소마리

1부.
가라 시대

한韓은 중고음이 ɤan이며 가라의 이두표기이다. 1부에서는 서기 3C 이전에 가라에 나라를 세운 왕조들의 유래를 살핀다. 우선 박·석씨 왕조는 만리장서의 고역을 피해 서기전 3C 말에 한반도로 망명 온 사람들이다. 그리고 김씨 왕조 역시 왕망 난리를 피해 한반도로 온 망명 훈(흉노) 족이다. 통설에 따르면 고구려의 고씨 왕조와 미찌/미추홀의 우씨 왕조, 그리고 백제의 여씨 왕조는 모두 그 뿌리가 북방 부여 나라였고 서기전 1C에 한반도로 왔단다. 더구나 비류가 선조인 미찌/미추홀은 서기 2C에서 서기 246년까지는 인천에 왕도가 있었고, 그 이후는 우리 구루/위례성에 서기 345년까지 왕도가 있던 나라이다.

1장

박, 석씨 왕조의 유래

경주 월성에 있던 첫 왕조 임금은 박씨였고 다음은 석씨 임금이었다. 각각 서라벌과 사로라는 나라를 다스렸다고 삼국사기는 적고 있다.

이 박씨의 선조는 월성 서쪽 계림에서 하늘서 내려온 금궤 안의 알로 태어났고 석씨의 선조는 왜나라 동북 천리에서 왔다고 삼국사기는 적고 있다. 이어서 "호공의 집터가 길지라 탈해왕이 호공을 구슬려 이곳을 차지했다. 이곳을 금성이라고 한다."

그런데 근래에 이룬 수라리와 조양동 유적의 조사 결과와 아울러 위지 한전을 보면 이들이 만리장성의 고역을 피해 서기전 2C에 한반도로 건너온 망명인들임이 밝혀진 것이다.[1]

위지 한전의 진한 대목

"진한은 마한 동쪽에 있다. 그 노인들이 세세로 전하는 바 그들은 진나라 만리장성의 고역을 피해 온 망명인이다. 마한이 동쪽을 내주어 이곳에 살게 됐는데 성책이 있다. 그들 말은 마한과 다르다. 낙랑에 남은 동포를 아잔阿殘이라 하였는데 낙랑에 남아 있는 망명인이란다."

이 글에서 진한에는 3C에 성곽 안에 진나라 만리장성의 고역을 피해 온 사람들이 고향 말을 쓰며 살고 있었다는 것을 알 수 있다. 그리고 한동안 낙랑 지방에 살다가 일부는 남고 일부는 진한으로 와서는 성곽을 짓고 살던 사람들이 한어를 쓰며 살고 있었다는 것이다. 어찌 된 일일까?

만리장성과 망명인들

만리장성 축조에는 진나라 당시 50만 명을 동원하며 10년이나 공사를 강행했다. 서기전 3세기 만리장성을 축성하면서 민생이 치러야 할 희생은 너무 컸다. 산해관 옆 발해만에 가까이 살던 겨레가 이 강제 노역을 피해 한반도로 망명하게 되는 딱한 상황이 벌어진 것이다. 그런데 이 망명인들은 누구일까?

중국 랴오닝성 요하 일대에는 신석기 시대의 옥문화가 피던 곳이다. 그 전성기에 홍산 문화가 서기전 1500년 무렵에 일어났다. 이 문화의 특색인 빗살무늬 토기는 한반도 전역에서 나오며 돌무덤 무덤과 옥문화가 그 특색이기도 한데 강원도 고성 조개 무덤에서 7천 년 전 옥 귀걸이가 나왔고 전남 여수 안도리에서는 6천 년 전의 옥 귀걸이, 옥 꾸미개가 나오고 있어 홍산문화와 관련됐다는 것이다.

서기전 6천 년 요하 문명을 밝혀 주는 사해나 흥륭화 유적에서는 빗살무늬 토기와 옥 귀걸이가 나왔다. 이것과 똑 닮은 것이 강원도 고성군 문암리에서도 나왔고 빗살무늬 토기는 여러 곳에서 나왔다고 한다. 우하량 유적에서는 여신 무덤이 나왔고 그곳에 있는 여신의 눈은 푸른 옥으로 꾸몄다. 이곳에서는 모나게 켜로 세운 돌붙이 무덤이 나왔고 갓길이가 60m나 되는 것도 있었다.

서기전 2천 년 전 홍산 문화는 하가점 유적으로 이어지며 여기서는 치를 갖춘 성벽이며 비파형 동검이 나왔다. 또한 이곳 여신 무덤에서는 곰의 턱뼈와 진흙 곰 발도 나왔다. 단군신화가 연상되는 유품들이다.[2]

이 요하 문명을 이은 홍산문화를 지닌 겨레 가운데 일부는 장성 끝자락 산해관에 가까운 곳에 살던 사람들도 있었을 것이다. 이들 일부가 장성 축조라는 강제 부역을 피해 바닷길로 한반도로 넘어왔을 것이라는 것이다.

위지 한전의 진한대목은 이 망명인들이 대동강 강가로 서기전 3세기 말에 건너와서 살았음을 시사한다. 3세기 진한 사람은 그들 진한 일대로 왔고 낙랑에 남은 사람들을 "아잔" 곧 남아 있는 겨레 사람이라고 부르고 있었다는 것이다.

이들 망명인이 대동강가에 온 지 100년이 지난 서기 108년에 한무제는 이곳에 낙랑군을 둔다.

한무제는 서역을 평정한 뒤 이곳에 군현을 둔다. 그다음 해 서기 108년에는 고조선을 무찌르고 한四군을 둔 것이다.

이 한사군 가운데 아마도 이 낙랑군에는 이미 한인 망명인들이 와서 살고 있었기에 낙랑군을 유지하기에 유리했을 것이다. 아마도 이때 낙랑태수는 값진 구리거울 등을 한인 망명인에게 건네면서 협조를 꾀했을 것으로 본다. 그럼에도 한인 망명인들은 낙랑군의 군역이며 무역이 싫었는지 그 일부는 서기 전후에 다시 낙랑을 떠나 남하하여 진한 일대로 와서 눌러 살게 된 것으로 보인다.

진한으로 온 장성 망명 집단은 진한 어디로 갔을까? 이것을 밝혀주는 고고학 연구 결과는 다음 네 유적지이다.

(1) 경주 사라리 유적[3]

사라리 유적은 경주 월성에서 서북으로 약 20km 떨어진 곳에 있다. 이 유적지 1호 무덤에서는 기원전 1세기 청백경 조각, 옻칠 나무 칼집과 철검 2점등이 나왔다. 청백경은 전한시대(기원전 200년~기원후 8년)을 대표하는 청동거울의 하나이다. 기원전 1세기의 청운경도 함께 나왔다. 이곳 130호 무덤에서는 본뜬 청동거울이 석 점 나왔다. 이들 무덤은 기원후 1세기에 지은 것이라고 한다.

(2) 경주 조양동 유적[4]

이 유적의 1호 무덤은 널 무덤이고 그 아래 가로 구덩이에도 껴묻거리를 묻었다. 이런 널무덤은 전국시대 이래로 중국에서 흔한 무덤 양식이란다.

이 1호 무덤에서 서기전 1세기 한 대 구리거울 4점이 나왔다. 이른바 일광경, 사유경, 소명경 등이다.

구슬이 69점 나왔는데 5점은 누런 마노, 나머지는 유리 구슬이다. 이 유적 무덤들에서는 많은 유리 구슬이 나왔다.

22호(1084점), 31호(456점), 38호(64점), 45호(904점), 47호(503점), 48호(40점), 49호(1024점), 65호(3145점), 57호(25점), 60호(1454점) 등이다.

쇠붙이로는 도끼 4점, 칼, 낫, 끌 등이 나왔고 토기로는 손잡이 항아리, 목 짧은 항아리, 주머니 항아리 등이 나왔고 이들 토기는 서기전 1세기에 이 지방에서 나오는 질그릇이다.

(3) 경산 양지리 유적

양지리 1호 무덤에서는 통나무 널무덤에서는 각종 청동 유물(2018년 발굴), 다양한 옻칠 유품이 나왔다.

길이 : 273cm, 너비 83cm에 가로 구덩이/요갱이 딸림, 서기전 1세기 후기에 지음
유품 : 칼(집), 창(집), 한 대 구리거울, 종방울, 쇠붙이, 옻칠 기물, 비단을 두른 구슬, 깃털 부채 3점, 항아리 속에 복숭아씨, 참외씨, 숭어 뼈, 쇠도끼, 구슬 목걸이, 한나라 거울 3점, 오수전이 나왔다.

(4) 밀양 교동 유적

이곳 무덤은 기원전 1세기 후반에 지었다고 한다.
3호 고분에서 성운경 17호에서 천백경이 나왔고 축조 시기를 밝혀 준다.

유품 : 철검, 쇠 창, 쇠도끼, 재갈 세모 태 토기, 제사 토기, 검은 목기 토기 등 기원전 1세기 후반 것들이다.

이 네 곳은 다 장성 망명 집단의 무덤터일 것으로 보는데 이들이 유품이 한대 문물이 많기 때문이다. 이 밖에 어이동, 가곡동 유적에서도 비슷한 유물들이 나왔다. 이들 유적에서 한 대 거울과 문물이 나온 것을 봐서 이곳에는 한나라 사람이 묻힌 무덤터인 것으로 우리는 본다.

위 유적지 가운데 조양동 유적은 경주 월성에서 동남쪽으로 8km에 있고 사라리 유적은 서북으로 20km 되는 곳에 있다. 이 두 곳은 아주 멀다.

석씨와 박씨 왕조의 선조가 살고 있었다는 월성과 이들 유적지까지의 거리를 감안하고 삼국사기가 전하는 이들 관계를 참작하여 사라리 유적은 박씨 왕조의 무덤터이고 조양동 유적은 석씨 왕조의 무덤터라고 보게 된 것이다. 더구나 사라리에는 박씨 집성촌이 있었으며, 후대 신라 왕조에 많은 벼슬아치가 나왔다.

다음에 이 문제는 조금 더 자세히 살펴보기로 한다.

삼국사기를 보면 석씨 탈해 임금 대목에서 이런 글이 나온다.

"탈해 임금은 서기 37년에 즉위했는데 호공이 사는 곳인 금성이 길지라 호공을 구슬려 내보내고 이곳에 살게 됐다."

그리고 탈해 임금 자신은 왜 나라 동북 천 리 되는 곳에서 알에서 태어난 왕자라고 했다. 이 이야기는 설화이나 탈해 왕족이 월성에서 살았음을 시사한다. 이 월성에서 조양동 유적까지는 동남으로 8km 되는 곳이다. 이들 무덤터로 알맞은 거리에 있는 조양동 유적에 석씨 조상들이 묻혀 있던 것이다. 그 근거는 위에서 본 바 이 유적에서 한 대 거울과 문물이 나왔기 때문이다.

금성 / 월성의 석씨 왕족은 위지 진한전에 나오는 한어를 쓰며 성 책 안에서 살고 있다는 한인들이며 장성 고역을 피해 대동강가로 서기전 2세기에 왔다가 한동안 낙랑 치하에서 살다가 진한으로 온 망명 집단이라고 보는 것이다. 한어를 쓰는 사람들이 성안에서 살고 있으며, 낙랑에 남은 그들 동족을 아잔이라고 한다고 한전은 전하고 있는 것이다.

한편 삼국사기를 보면, 석씨 발휴, 조분, 점해 등 초기 석씨 임금들의 어머니가 김씨로 나온다. 뒤에 밝히지만 신김씨는 서기 23년 이래로 창원 다호리에서 성곽 안에서 살고 있었으며, 이들과도 100km 이상 떨어진 곳에서 망명생활을 하고 있던 때였다. 이 두 집안이 어떻게 사돈이 됐을까? 어쩌다 만난 두 집안 사람은 다같은 한어를 쓰는 같은 동족이며 같은 망명 신세이기에 가까워졌고 사돈까지 된 것으로 보는 것이다.

탈해왕은 낙랑 서북 천리에서 온 장성 고역 망명인이었던 것이다.

그러고 보면 금성에서 밀려난 호공은 박씨 왕조일 것이고 경주에서 멀리 20km 되는 사라리로 가서 이 유적에 무덤터를 차린 것이겠다.

박씨이던 호공 일족은 금성에서 밀려나 수라리 일대에서 살게 됐던 것이고 그곳에 무덤터를 차린 것이다. 수라리 유적에서도 한 대 구리거울에 나오고 한 대 문물이 나오며 이들 역시 장성 고역의 망명 온 한인 후손이던 것이다. 수라리 일대는 박씨 집성촌이었기도 하고 박씨 벼슬아치를 많이 배출한 곳이기도 하다.[5]

이 사실을 뒷받침하는 글이 삼국사기에 실린 이들 왕실 사이의 사돈 관계이다.

창원 다호리에 있던 신김씨 왕족과 석씨 왕조는 사돈 사이였기에 포상 八국 난리 때 석씨 왕조는 신김씨네 가라 나라에 원군을 보냈던 것이다.

그러나 서기 356년에 신김씨 왕조가 사로에 들어서자 신김씨와 박씨는 사돈 사이가 되는 것을 삼국사기는 시사한다. 신김씨 왕조는 정변으로 석씨 왕조를 무찔렀던 것일까?

조양동 유적, 사로리 유적, 다호리 유적에서 나온 유품들이 위지 한전이 전하는 한인 망명 이야기를 다짐해주며 삼국사기 기록도 이 사실을 뒷받침하고 있는 것일까?

또한 이들 망명인들의 무덤인 조양동 유적에서 나오는 엄청난 수의 유리구슬이며 경산 양지리 유적에서 나온 비단에 싼 옥구슬을 봐서 이들은 요하 문명, 홍산 문화의 전통을 이어받은 고조선의 후예들일 수도 있겠다고 본다.

1장

1 김영딕 : 박, 석씨네 유래, 유튜브 강연, 2004. 6. 3.
2 우실하 : 고조선 문명의 기원과 요하 문명, 지식 사업화, 2021.
3 하진호 : 사라리 고분조사 개보, 경남 매장 문화재 연구소.
4 편집부 : 조양동 유적2, 경주 박물관 학술조사 보고서 38호, 2013, p. 174.
5 전딕대 : 사라리 고분군 축조 집안의 성격과 그 변천, 경주 대학교 교양과정, 2007.

2장
김씨 왕족의 유래

 신라 왕족 김씨는 원래 신김씨이고 그 7대 선조는 투후 김일제이고 15대 선조는 성한星漢왕이라고 문무왕 묘비에 적혀 있다는 것이다. 여러 학자가 밝힌 바 이것은 사실이며, 훈족인 김일제 후손이 서기 23년에 왕망 난리를 피해 한반도로 망명해 왔다는 것이다. 그리고 서기 356년에 석씨 왕권을 물려받았다는 것이다.

 그렇다면, 그 333년 동안 이들 김씨는 한반도 어디에 있었을까 묻게 된다.

1. 다호리 유적[1]

 서기 23년에 산동 반도에 있는 연리에서 투후이던 김당은 김일제의 증손인데 왕망의 난리를 피해 한반도로 온 이들 망명 집단은 창원 다호리에 와서 성벽을 쌓고 그 안에서 333년을 지내다가 서기 356년에 석씨의 왕권을 물려받았다는 것을 밝히고자 한다. 그 고고학 증거가 다호리 유적에서 나오는 호사스러운 한대 문물이다. 이제 이 문제를 고고학과 문서에서 알아보고자 한다.

1988년에 발굴된 다호리 1호 무덤은 그 연대가 1C인 것이며 통나무 널 무덤이었다.

그 유품은 성운문 거울, 동검 6점, 철검, 철모, 붓 5자루, 이형 구리붙이, 동모 2점, 주머니 항아리, 구리 고리, 구리 방울, 띠 고리, 돌비늘 그리고 오수전 3점이 더 있다.

(i) 오수전[2]

이 1호 무덤에서 나온 오수전은 서기전 1C 후반에 만든 돈이란다. 그런데 이 돈은 "천상화문" 오수전이며, 여수 앞 거문도 난파선에서 나온 980점 가운데 일부가 이것과 똑같은 것이 나온 사실에 주목한다.

이 많은 한나라 돈을 갖고 배로 한반도로 온 사람들은 왕족 아니면 거상일 것이다. 그런데 서기 1C 당시 다호리 지방과 중국 사이에 무역을 했다는 증거는 없다. 그렇다면 이 왕족이란 투후 김일제의 후손이 서기 1C 초에 일가이던 왕망의 몰락에 따른 후환을 피해 한반도로 망명해 온 신김씨 왕족이 거문도에서 만난 풍란 끝에 창원 다호리까지 와서 자리잡고 333년을 이곳에서 살았던 것으로 보는데 그 증거가 서기전 1C에 만든 오수전이 이 1호 무덤에서 나온 사실이라는 것이다.

(ii) 옻칠 유물

놀랍게도 이 1호 무덤에서 옻칠한 갑옷, 칼집, 합, 통, 붓, 부채 자루 등이 무더기로 나왔다. 심지어 토기에도 옻칠을 했고, 뼈, 가죽 쇠붙이, 낚시바늘도 옻칠을 하고 있단다.

전·후한에서 옻칠 문화가 성행한 사실을 감안하면 이 다호리 유품은 서기 1C 당시에 산동 지방에서 투후로서 후왕이었던 신김씨가 한반도로 망명해 오면서 갖고 온 문화 전통으로 옻칠로 유품이 잘 보존되길 바랐던 것으로 보인다.

(ⅲ) 쇠뿔잔과 유리구슬

이곳 유물 가운데 쇠뿔잔은 북방 기마 민족이 즐겨 지닌 유품이며 이 쇠뿔잔이 이곳에서 출토했다는 사실 역시 이 다호리 유적을 남긴 사람이 북방 기마 민족임을 시사한다.

더구나 유리구슬의 출토도 이들이 망명 온 귀족이며, 신김씨 왕족의 유품임을 시사한다.

(ⅳ) 한 대 묘제[3]

이 1호 무덤의 널 아래에 가로 판 구덩이에서는 여러 부장품 가운데 세 가지 유품이 들은 바구니가 나왔다. 이 바구니에는 오수전과 붓과 저울추가 들어 있었다. 이와 같이 세 가지 유품을 한 모듬으로 바구니에 넣어 가로 구덩이(요갱)에 넣는 풍습은 당시 한 대 무덤의 유습이란다.

이 장에서 보듯이 한 대 문물과 기호품과 아울러 요갱 풍습의 한 대 묘지를 감안할 때 이 무덤은 한나라에서 온 유민의 무덤이라는 것이다.

(Ⅴ) 포상八국 난리

삼국사기는 서기 209년에서 서기 211년에 걸친 세 해 동안에 "가라"와 八포상 나라 사이에 치열한 전쟁이 있었음을 적고 있다.

八포상국이란 한반도 남해안에 있던 여덟 갯가 나라를 뜻한다. 골포, 칠포, 고사포 등 여덟 곳에 있던 포상국들이었다.

여기서 골포는 창원에 있던 나라라고 한다. 그렇다면 "가라"는 어디에 있던 나라일까? 이 글에서는 이 "가라"가 바로 다호리라고 보는 것이다. 그 근거를 적어본다.

첫째로 삼국사기는 물계라전에서 갈화성竭火城과 골포등 갯가 나라들 사이에 싸움이 있었다고 하는 것이다. 갈竭giət은 이두 풀이가 '가라'이고 화火는 부리를 적은 것으로 보면 갈화성은 가라부리라고 이두 풀이가 된다. '가라'는 우리 옛말로 갈대를 뜻한다. 골포 곧 창원에서 가까운 갈대밭의 고장은 다름이 아닌 다호리이던 것이다. 습지라 갈대가 잘 자랐고 한대 문물로 가득한 이곳 무덤이 있는 다호리 유적에서 김씨 망명 집단이 살고 있던 것이다.[4]

둘째로 다호리는 창원 가까이 있으며 이 일대에는 예로부터 쇠가 나던 곳이다. 쇠를 이용한 농기며 각종 기구의 헌료로서 다호리 유적에서 쇠 농공구가 많이 나오며 이들이 쇠 장사를 했을 공산이 크다. 한편 2, 3C에 걸쳐 한·중·일 세 나라 각지에 쇠를 내다 팔던 구야를 종주로 하는 여덟 포상국들과 무역 전쟁을 일으켰을 공산이 크다.

또한 다호리 유품에 보이는 무기들은 이들이 싸움을 하고도 남을 사람들이던 것이다. 더구나 훈족 기마 민족의 후손인 신김씨 일족은 전통을 따라 싸움에 능했을 것이다. 다만 "사로"가 "가라"와 합세하고 있다. 어찌 된 일일까?

다호리에서는 야요이 토기도 나오며 왜나라와 교섭이 있었다고들 한다. 그렇다면 200년 동안 이곳 다호리에서 살던 신김씨와 사로에 살던 한나라 이주민 사이에도 접촉이 있었을 것이며 공통된 한문화로 서로 잘 알게 된 사이였지 않았나 짐작해 본다. 그래서 전쟁을 하려는 다호리 사람들과 사로의 한족 이주민자가 쉽게 힘을 모으게 된 것으로 본다. "가라"가 크게 이긴 것으로 삼국사기는 적고 있다.

알고 보니 구야를 주축으로 했을 八포상 나라는 미찌 이주민이던 것이다. 다음에 밝히는 바 이들은 3C 초에 한반도에는 삼한을 거느리는 진왕의 나라가 서기 346년까지 존속한 것이다. 같은 미찌 이주민이 왜나라 규슈에는 히미꼬 여왕이 거느리는 야마또를 세우고 있던 것이다.

"사로"는 늘 "왜"의 침공을 받고 있는 것으로 삼국사기는 적고 있다.

포상 八국을 이루는 미찌 이주민인 "왜"가 늘 "사로"를 괴롭히고 있던 것이다.

이런 세 가지 연고로 "가라"/다호리와 "사로"는 한데 힘을모아 공동적인 미찌 이주민 나라들인 八포상국과 싸웠다고 우리는 보는 것이다.

그러나 서기 234년이 되면 미찌 나라의 세니찌가 삼한의 다섯 세니찌 가운데 꼬까 세니찌로 추대되면서 진왕이 되고 한반도는 서기 346년까지 평화를 유지했던 것이다.

서기 346년에 백제의 근초고왕은 정변으로 미찌를 무너뜨리고 무력으로 미찌네 옛 땅을 차지하기 시작한 것이다.

2. 김씨 왕권 탄생

서기 346년에 미찌 나라를 무찌르고 백제 왕이 된 근초고왕은 무력으로 미찌 나라의 옛 땅을 차지하기 시작한다.

서기 364년이 되면 경북 함창까지 백제는 세력을 뻗쳐갔다. 이때 백제와 임나가라는 경북 성주에 있던 탁순에서 만나 가야 일곱 나라 평정을 벼른다. 그런데 어찌 된 일인지 백제는 "사로"이던 진한 땅은 비켜갔다. 진한 빼고 변한과 마한 땅만을 차지하고 백제는 큰 나라로 발돋움한다.

왜 진한 땅은 일곱 가야 평정에서 빠졌을까?

그 까닭이 궁금하다.

실제로 사로는 서기 356년에 첫 김씨 왕권이 탄생한다. 어떻게 언제 다호리에서 있던 신김씨 왕가가 "사로"로 옮겨 가서 서기 356년에 첫 김씨 내물왕이 왕권을 석씨 왕조로부터 물려받았을까 궁금하기 짝이 없다.

삼국사기는 석씨 왕인 흘해왕이 47년 치세 끝에 아들이 없어 돌아가자 김씨왕인 내물왕이 왕이 됐다지만 아무래도 수수께끼이다.

이 문제는 두고두고 풀어야 할 어려운 문제이다.

서기 346년에 미찌를 무찌르고 왕권을 뺏은 근초고왕의 정변 소식을 신김씨 왕족도 들었을 것이다.

서기 356년에 신김씨 왕족은 무력으로 석씨 왕권을 뺏은 것은 아닐지?

이 사실을 눈치 챈 임나가라는 껄끄러운 이웃 "사로"를 비켜 가도록 백제 가야 평정을 꾀하지는 않았는지 미루어 볼 따름이다. 하여간에 김씨 사로는 백제 평정을 피해 갔고 "신라"로 계승 발전해 갔다.[5]

3. 맺는 글

신김씨인 훈족 왕실이 서기 1C에 왕망 난리를 피해 한반도로 망명 온 뒤 서기 356년에 "사로"의 석씨 왕권을 물려받고 신김씨 나라를 세운 역사를 살펴봤다. 이제 밝힌 것은 한반도로 망명 후 신김씨 왕족은 다호리에서 333년 동안 살았을 것이라는 것이다. 그 증거는 다호리 1호 무덤에서 나온 오수전이 여수 거문도에서 산파 선에서 나온 980점이나 뵈는 오수전 일부와 꼭 같이 서기전 1C 후반에 만든 돈이라는 것이다.

그 밖에도 1호 무덤에서 나온 갖가지 한대 문화 유품은 이 무덤 임자가 훈족인 신김씨 왕족이 틀림없다는 것이다.

다호리에서 약 200년을 지내면서 八 포상국 난리에서 크게 이길 때 원군을 보낸 "사로"와 사돈이 된 것은 서기 209년 이전이다. 이 이후에도 이 다호리에 있던 "가라" 사람과 "사로" 사람 사이에는 우호 관계가 유지된 듯하다.

그러기에 서기 356년이 되면 10년 앞선 백제의 미찌 멸망 소식을 듣고 서였는지 "사로"의 석씨 왕권에서 김씨 왕권으로 이양이 됐다는 것이다.

우리 짐작인데 아마도 무력으로 왕권 이양이 있었을 것이라는 것이다.

그리고는 대거 다호리에서 신김씨 왕족은 "사로"로 옮겨갔다는 것이다. 더 자세한 것은 알 수 없으나 이 왕권 이양 문제는 두고두고 풀어야 할 수수께끼이다.

2장

1 강성구, 이원복 : 다호리, 국립 중앙 박물관, 2008.
2 권오택 : 한반도 중국 동북 지역 출토, 진·한 화폐의 전개와 용도, 영남대학교 석
  사 학위 논문, 2013, p. 96.
3 김일규 : 다호리 1호묘 출토한 문물을 통해 본 다호리 사회의 성격, 창원 다호리
  고분군 재조망을 위한 학술 대회 논문집, 창원시 문화 육성과, 2002, p. 43.
4 김영덕 : 가라 부리기, 유튜브 강연, 2024. 3. 26.
5 김영덕 : 신김씨네 유래, 유튜브 강연, 202. 3

3장

미찌와 진왕

 우리구루는 위례慰禮의 이두풀이 우리와 성城을 뜻하는 구루로 된 말이다.

 우리구루는 송파구의 풍납토성의 옛 이름으로 보고 있다. 그 둘레는 3.5km, 네모나며 높이는 10.8~13.3m이며 너비는 30~40m이다. 이 토성은 진흙을 다진 판축으로 쌓았으며 2천 200년을 견딘 토성이다. 다만 한강가에 있어 물난리를 자주 겪은 터이다. 그 성벽 맨 아래에 있는 널 조각의 탄소 연대 측정은 이 토성이 서기전 200년 즈음에 지었다고 한다.

 앞에서 본 바 신김씨 망명 집안은 창원 다호리에서 서기 23년부터 333년이나 성곽 안에서 외진 삶을 이어왔다. 이 사실을 감안하면 우리구루에도 서기전 2세기부터 어느 집단이 살고 있다가 떠난 뒤에 서기전 1C에는 백제 이주민 집안이 와서 살게 됐다고 볼 수도 있다. 이곳에서 나온 많은 무문 토기의 연대는 1~2세기로 추정되고 있기도 하다.

이곳에서 나온 유물은 수만 점에 이른다. 청동 자루 솥, 허리띠 구미개도 나왔고 기와며 대부라는 글자가 적힌 그릇이 나왔는가 하면 제사 집터와 말뼈도 나왔다고 한다.

한편 낙랑토기도 나왔고 진나라 시유 토기도 나온 것을 보면 중국과도 교류가 있었던 것을 알 수가 있다.

그런데 이 우리구루 이야기는 백제 본기 온조 왕 대목에 처음 나온다. 그 어머니 소서노에는 두 아버지에서 낳은 비류와 온조가 있었다.

비류는 아버지가 우씨이고 온조는 아버지가 부여씨였다고 한다. 졸본 부여에서 고구려 추모왕의 왕비가 된 소서노는 많은 총애를 받았다. 그러나 미추왕이 전처에서 낳은 아들 유리에게 왕위를 물려주자 소서노 어머니와 두 아들은 따르는 백성과 더불어 졸본 부여를 떠나 남하했다는 것이다.

이어서 이야기는 이들이 한산에 올라 살피고는 비류는 미추홀에 온조는 우리구루에 나라를 세웠다는 것이다. 이 해가 기원전 18년이란다.

그러나 미추홀에 나라를 세운 비류의 나라는 소금땅이라 곧 사라졌다는 것이다. 미추(彌鄒)는 이두풀이가 미찌이다. 이 미추홀 곧 미찌 구루는 위지 한전에는 목지目支로 나오며 그 이두풀이는 미찌로서 미추홀과 같다. 그리고 이 미찌 나라는 서기 346년까지 건재했던 것이다.

어찌 된 일일까?

위지 한전은 3C에 지은 역사서이다. 더구나 대방 관리가 지은 견문록을 바탕으로 지은 역사서란다. 위지 한전의 진왕 대목을 보자.[1]

이 진왕 대목을 이두로 보면,

"진왕이 다스리는 바 미찌나라의 세니찌/臣智는 꼬까 우호이고 신운 나라 세니찌는 후리이고, 구야 나라의 세니찌는 겐찌호이고 아야 나라의 세니찌는 데찌이고, 훈신리지 나라의 세니찌는 지니찌이다. 세니찌(임금)는 님을 가리킨다."

辰王治月(目)支國臣智或加優呼, 臣雲遣支報安邪踧支 濆臣離兒不例狗邪秦支廉之號

이 글에서 보듯이 마한의 세 세니찌와 변한의 두 세니찌 가운데 미찌 나라의 세니찌가 진왕이며 이름이 꼬까 우호라는 것이다. 꼬까는 혹或가加의 이두 풀이이며 꼬까옷에서 보듯이 최고 내지 최상을 뜻한다. 세니찌는 신지臣智의 이두풀이이며, 나라님을 뜻한다. 위지 변한 대목을 보면 진왕은 늘 마한 사람이며 홀로 서지 못한다. 곧 추대 되어야 한다는 것이다. 3C 초 마한의 쉰 넷 나라와 변한의 열두 나라를 거느리는 임금이 진왕인데 미찌 나라의 세니찌라는 것이다. 성이 우씨이고 이름은 호呼인데 삼국사기의 백제 고이왕과 성씨가 같고 호呼와 고古는 고음이 같은 "구"이다. 곧 우호는 고이와 성과 이름이 같으며 백제 본기의 고이왕은 미찌 나라의 진왕이었던 것이다. 계왕까지 우씨가 왕이다 보면 우씨인 미찌의 세니찌는 서기 346년까지 미찌 나라의 임금이다. 마한과 변한을 거느리는 진왕이던 것이다. 이 미찌와 진왕의 존재를 밝혀 주는 글이 세 가지 더 있다.

첫째로 위지 한전에서 적기를 대방군이 창설된 서기 204년 뒤 얼마 안 돼 "왜와 한이 드디어 속하게 됐다"는 글이다. 진왕과 히미꼬 여황이 조공 사절을 대방군 앞으로 보냈다는 것이다. 이 당시에는 낙랑과 대방은 공손씨 정권 치하에 있었다.

둘째로 기리영 전투 기사이다. 공손 정권을 서기 238년에 무찌른 위나라는 서기 239년에 낙랑과 대방을 접수한다. 그리고 서기 245년이 되면 위나라는 고구려와 동예를 평정한다. 이즈음 위나라 부종사 오림은 진왕 고이에게 "한은 원래 낙랑이 통치했으니 그 여덟 나라를 떼어 낙랑에 바치라"고 했다. 이에 한의 세니찌는 격분하여 대방 기리영을 쳤다고 한다. '대방 태수가 전사하는 가운데 낙랑과 대방의 연합군은 이윽고 "한"을 멸했다'고 적고 있다. 앞글에서 격분한 이가 한의 세니찌이듯 멸한 "한"이란 세니찌도 내포함을 시사한다. 서기 246년에 진왕 고이는 전사한 것이다.

셋째로 고이왕이 전사하자 아들 책계가 섰으나 낙랑과 대방의 보복이 두려워 왕도를 우리구루/위례성으로 옮긴다. 삼국사기는 이 천도를 서기 286년 일로 적고 있으나 잘못된 기록이고 사실은 서기 246년 일이었다.

왕도를 옮기다

서기 246년에 기리영 전투에서 죽은 부왕 고이왕을 이은 책계왕은 왕도를 인천에서 서울 우리구루로 옮겼다.

낙랑의 보복을 두려워했기 때문이다. 마침 우리구루에 있던 백제는 몽촌토성을 짓고 옮겨 가 있던 참이다. 우리구루 주변에는 한강도 흐르고 아차성도 있고 사성도 있기에 있을지도 모를 락낭의 해상 침공을 피해 한강 상류로 왕도를 옮겨 온 것이다. 당시 백제는 위지 한전에 적힌 마한 쉰 넷 나라 가운데 하나였다. 백제는 伯濟로 적혀 있다. 삼국사기는 서기 386년에 고이왕이 돌아갔다지만 그릇된 기사이다.

이제 이 미찌 나라가 실존했다는 증거를 더 살펴본다.

첫째로 미찌目支 나라가 미추홀과 같은 나라이며 문헌에서 다짐되듯이 미찌는 인천에 있던 나라이다. 이곳 인천은 제물포라고도 불렀는데 제물(濟物)은 그 이두 풀이 제무로에서 데무로가 그 원 이름이고 이 다무로 라는 지명은 미찌 이주민이 즐겨 쓰던 지명이던 것이다. 사실 다무로는 德水, 對馬, 大物, 淡 路 등 여러 가지로 적히면서 그런 고지명이 한반도 서해안과 남해안 그리고 일본 각처에 분포해 있는 것을 알 수 있다. 이 다무라라는 고지명은 미찌 이주민이 즐겨 붙이던 지명이다. 따라서 이들이 이런 지역에 옛적부터 이주해 세력을 키워갔던 것이다.

둘째로 꼬까 우호라는 이름에서 보다시피 우호는 우씨인 고이왕인데 다섯 세니찌 가운데 가장 높은 이라는 뜻에서 꼬까라는 존칭이 이름에 붙어있는 것이다. 꼬까는 최고라는 뜻으로 이나리야마 칼글에서 개로대왕의 존칭으로 나온다.

마한의 두 다른 세니찌와 변한의 두 세니찌가 미찌의 세니찌를 진왕으로 추대한 것이다. 그런데 변한의 구야네 세니찌는 김해 김씨 왕족의 선조로서 김해 대성동 고분 29호 등에서 나오는 유물과 순장으로 이 29호 고분은 김해 김씨 왕족의 조상이다. 구야 세니찌인 지니찌의 후손이 묻혔으며, 부여에서 미찌를 거쳐 이곳에 온 이주민이던 것이다. 곧 미찌 임금과 구야 임금은 한겨레이던 것이다.

셋째로 미찌 나라의 소마리 믿음이 백제로 이어졌을 뿐 아니라 미찌 이주민인 왜나라 모노노베씨족의 오오미와 신사나 아소노가미 신궁에서 오늘날까지 아직도 지키고 있으며 미찌 나라가 이 신앙의 종가임을 알려 준다. 소마리는 천신이 내려오는 산을 뜻한다.

넷째로 위지 한전은 "왜·한이 대방에 속했다"는 말로 왜 여왕과 진왕이 조공 사절을 대방에 보낸 것을 알려 준다.

이상에서 보듯이 미찌나라는 오래 존속했고 그 이주민은 한 번도 각처에 또 왜땅에 퍼져갔던 것이다.

공손씨와 사돈이던 고이왕은 공손씨를 무찌른 위나라를 미워했고 서기 239년 위 건국 축하 사절도 안 보냈던 것이다. 그리고는 그 아들 책계왕은 왕도를 인천에서 서울 우리구루로 옮겨 간 것이다.

진왕 누리의 이모저모

3C의 마한과 변한의 이모저모를 살펴본다. 위지 한전은 대방이 생긴 서기 104년 이후 드디어 왜와 한이 복속했다고 적고 있다. 왜와 한이 조공 사절을 보내왔다는 뜻인데 왜땅에는 규슈에 야마도 나라가 생겼고 "한"에는 진왕이 마한과 변한을 거느리게 됐다는 것을 시사한다. 이들 나라가 생기는 연유가 궁금해진다.

삼국사기는 서기 209년과 211년 사이 세 해 동안에 치열한 포상 八國 난리가 일어났다고 적고 있다.

알고 보니 현 창원 다호리 유적 일대에는 신라 왕족 신김씨의 조상인 투후 김당의 망명 집단이 이곳에 서기 23년에 와서 살고 있던 것이다.[2]

이 유적의 1호 무덤에서 나온 각가지 한대 문물과 농공구 등 연장이며 철광과 망치가 나온 것으로 봐서 이들은 농공구를 만들면서 교역도 했다는 것이다.

이때가 서기 1, 2C이다. 그런데 2세기가 되면 미찌 이주민이 한반도 남해안 갯가에 살면서 배편으로 쇠 무역을 하기 시작했던 것이다. 위지한전은 전하기를 "변진 사람들은 낙랑, 왜, 예로 쇠를 내다 팔고 장에서는 이 쇠가 돈 구실을 한다고 했다. 그만큼 변진 포구 나라들이 쇠 장사를 잘하고 있다는 것이다.

3C 초 가라부리/다호리에 있던 신김씨네와 포상 八국 사이에는 교역 분쟁으로 다툴 수밖에 없는 형편에 있던 것이다. 가라부리는 갈화성竭火城의 이두풀이이다.

이 전쟁을 겪으면서 포상 八국 사람들은 진왕이 거느리는 연합국을 꾸몄고 그 임금 자리에 미찌에 있는 세니찌를 진왕으로 추대하게 된 것으로 본다. 포상 八국은 이곳 남해안으로 이주해 온 미찌 이주민의 나라들이였고, 배로 교역을 잘했던 것이다. 이들 미찌 이주민들 역시 뿌리는 부여이고 보면, 그곳 왕족이었던 미찌의 우씨 왕족을 진왕으로 마땅히 추대했던 것이다.

이렇게 해서 포상 八국 난리 직후에 진왕이 거느리는 마한과 변한 예 쉰여섯 나라로 된 연합국이 생긴 것이다.

이를 지켜본 규슈의 미찌 이주민들도 마한 히미에서 모셔온 소문난 무당 히미꼬를 여왕으로 모셔 와서 서른 나라의 야마또 연합국을 세웠던 것이다.

이 두 임금 진왕과 히미꼬 여왕은 나라가 생기자마자 대방으로 조공사절을 보냈고 그 기록이 "왜·한수속"倭·韓遂屬이던 것이다. 이 해가 아마도 서기 215년 전후였던 것으로 본다. 당시에 낙랑은 공손씨 치하에 있었다. 그 이후 공손씨와 진왕 사이는 친교가 깊어지면서 사돈 사이가 된 것이다. 고구려 및 다른 나라의 공격에 시달려온 공손씨는 진왕에게 원군을 요청했고 의리에 진왕은 백제 병사를 보냈던 것으로 본다. 돈독한 사이이던 공손 왕권을 위나라가 무너뜨리고 그 이듬해 서기 239년에 나라를 세운 위나라에 진왕은 축하 사절을 보내지 않았다. 그러나 히미꼬 여왕은 이와 달리 바로 축하 사절을 위나라에 보냈던 것이다. 이를 반긴 위나라는 즉시 "친위 왜왕"이라는 칭호와 아울러 100장이나 되는 구리거울 및 하사품을 히미꼬 여왕에게 보냈던 것이다.

또한 위지 한전에서 진한 대복을 보면 "진왕은 늘 마한인이 되며 세세로 이은 바 제 스스로 임금이 될 수는 없다"라는 글이 있다.

진왕은 세니찌들이 추대하며 마한 사람만이 진왕이 되는바 세세로 이어졌다는 것이겠다. 진왕인 고이왕이 마한인임이 틀림없고 스스로 진왕이 된 것이 아니고 세니찌들의 추대로 임금 자리에 오른 것을 보면 고이왕 이전에 몇 명 더 있었음을 시사한다.

이렇듯이 국가 위용을 갖춘 진왕을 본 공손씨 정권과 이 두 집안은 사돈 사이가 되고 정치 동맹을 이룬다. 그리고는 외세에 시달린 공손씨 정권은 진왕에게 원군을 요청했고 진왕은 원군을 보냈던 것이다.

위세 당당한 진왕에게 히미꼬 여왕은 서기 233년에 친선 사절을 보냈던 것이다. 다만 삼국사기는 한 주갑 올린 서기 173년에 사로에 사절을 보냈다지만 잘못인 것이다. 아무 연고가 없는 사로 나라에 그것도 173년에는 있지도 않던 히미꼬 여왕이 사절을 보냈을 수는 없는 노릇이다.

진왕 고이에게 위기가 온 것은 서기 246년이다. 서기 238년에 공손씨 정권을 무너뜨린 뒤에 건국한 위나라는 246년이 되면 차지한 낙랑군도 앞세워 고구려 침공과 동예 등의 나라의 평정에 나선다. 이 전투에 성공한 위나라의 부종사 오림은 고이왕에게 그가 거느리는 여덟 나라를 낙랑

3장. 미찌와 진왕   35

에 바치라고 요구한다. 그 이유는 한이 원래 낙랑에 복속했기 때문이라고 했다. 이에 분노한 고이왕은 군사를 몰고 대방 기리영으로 쳐들어 갔다가 전사한 것이다.

그리고 인천에서 서울 우리구루로 미찌가 천도한 것은 서기 246년 일이다. 계왕이 왕위에 있던 서기 346년까지 우리구루에서 미찌는 건재했던 것이다. 당시 백제는 마한의 한 작은 나라로 현 봉촌토성 자리에서 존재를 이어가다가 근초고왕이 서기 346년에 미찌를 무찌르면서 나라가 큰 것이다.

소마리 믿음[3]

위지 한전은 진왕이 거느리는 나라의 믿음 풍속을 다음과 같이 전한다.

"귀신을 믿으며 나라와 고을마다 한 사람을 세워 천신을 모셔 굿한다. 이를 뎅그리/天君라고 한다. 또한 고을마다 별터가 있고 소도라고 부른다. 큰 나무를 세우고 방울과 북을 달고 귀신을 섬긴다 …"

이 믿음 풍속은 지난 세기까지도 우리나라 각지에서 그 유속이 남아 있었다. 그리고 일본의 신사에서는 오늘날까지도 큰 나무 대신 신사 배전 처마에 달린 동아줄에 방울을 달고 신령을 모시고 있다. 더구나 일본에서 가장 오래된 오오미와 신사에서는 뒷동산에 있는 세 바위 덩어리에 세 신령을 모시고 있는데 그 신령 이름이 각각 오오나무찌 신령, 오오모노/大物 신령, 스꾸나 히꼬나 신령이라고 부른다. 이 신령들 이름에서 무찌는 미찌와 통하며 오오모노/大物은 다무로 라고 이두풀이 된다. 미찌라는 나라

이름과 다무로라는 땅 이름이 이 신사의 터줏대감의 이름이다.

이들 신령을 모시는 산 이름은 미모로야마御諸山인데 "어"는 존칭이며 모로는 마리와 통하고, 빠진 "소"를 더해 소마리가 이 산의 이름인 것이다.

백제말로 소는 신령을 뜻하고 마리는 우리 옛말로 산을 뜻한다. 위 신사에서는 소마리에 있는 바위 덩어리에 터줏대감들을 모시고 있는 것이다. 그런데 백제의 왕도이던 가나다라/하남에 있는 가장 높은 산 이름이 원래 숭산崇山이고 그 이두풀이가 소마리 인 것이다. 그리고 이 숭산은 검단산으로 이름이 바뀌었고 이 소마리에는 검단 곧 대감을 모시는 돌자리가 있는 산 이던 것이다.

오오미와 신사의 미모로야마/소마리에는 돌자리 대신 바위 덩어리에 신령을 모시고 있던 것이다. 그리고 오오마무찌 신령과 다무로 신령은 소노가미라고도 부르는데 소(마리)네 대감이라는 뜻이겠다.

한편 스꾸나히꼬나 신령은 가라가미라고도 부르는데 가라는 한반도 곧 가라에서 온 선주민의 터줏대감이던 것이다.

이 신사에 가까운 곳에 있는 이소노가미 신궁 역시 오오미와 신사처럼 미찌 이주민인 모노노베 씨족이 세운 신궁이다. 그 이름 이소노가미는 이소마리네 대감이 준 말이다. 이 신궁 뒤쪽에 이상산二上山이라는 가산을 만들어 놓았었는데 이 말의 이두 풀이는 이소마리 인 것이다. 이 신궁에서는 후루라는 신령도 모시는데 미찌 나라의 첫 임금 비류의 이두 풀이인 히루와 통한다.

백제 왕도 가나다라/하남에는 검단이 넷이나 잘 보존된 이성산二聖山은 이두풀이가 이소마리인 것이다.

한편, 미찌 나라의 왕도가 있던 데무로/인천에는 강화 마니단이 소마리이고 검단이 남아있는 문학산이 이소마리였던 것이다.

이렇듯이 미찌나 백제의 소마리 믿음은 오늘날까지도 미찌 이주민이 세운 일본의 최고 신사·신궁에서 보란 듯 지키고 있는 것이다.

이 소마리 믿음 전통만 보더라도 미찌 나라는 100여 년 이상 미찌 구루와 우리구루에서 존속했던 것을 알 수 있다.

강화 마니산(참성단): 소마리

숭산/검단산: 검단 (한종섭 제공)

이선산성 신앙석 (한양대)

이선산성의 12각 건물지 (한양대)

인천 문학산: 이소마리

문학산: 제사유적 전경 및 유물 출토광경

진왕 대목에 보이는 우호의 세니찌들을 조금 더 자세히 알아본다.

구야 세니찌

위지 한전은 구야狗邪의 세니찌가 지니찌였다고 한다. 구야는 현 김해에 있던 나라이다. 그런데 이 김해 대성동 고분 유적은 그동안 많은 발굴로 큰 성과를 거두고 이곳의 역사를 밝히는 데 큰 도움이 되고 있다.

가령 대성동 고분 29호를 알아보자. 3세기 말에 지었다는 이 무덤은 덧널 무덤으로 그 크기로 봐서 왕급 무덤이란다. 3세기 말이면 위지 한전대로라면 구야는 아직도 명목상 미찌 나라의 통치 아래 있던 때가 아닌가?

한 곳에 임금이 둘이 있을 수는 없는 노릇. 이 고분 29호에는 지니찌의 후손이 묻혀 있던 것이다. 그런데 이 무덤에서는 여러 가지 놀라운 사실을 알려 준다.

이 무덤에서는 구리 솥/동복이 나왔다. 또 순장이 됐고, 고소가리/왕관 조각도 나왔다. 물론 숱한 토기도 나왔고 쇠붙이도 많이 나왔다. 이들 유물의 출토는 이곳에 묻힌 임금이 부여에서 내려온 겨레의 왕손임을 시사하는 것이다.[4]

이 세니찌의 후손이 묻혔을 또 다른 왕급 무덤이 고분 40호, 91호 등이다. 이들은 4세기 중에 지은 무덤들이란다.

위지 한전은 이어서 이곳 변한에서 나는 쇠가 한·중·일 세 나라에 팔려나갔고 장에서 돈 구실까지 했다고 한다.

구야 나라는 쇠 무역으로 강성해진 것이다. 그런데 호사다마라던가. 서기 209년에서 서기 211년에 걸쳐 포상八국 난라가 일어났다. 삼국사기는 내해 14년(서기 209년) 대목에서 "포상八국이 짜고 가라국에 쳐들어오니, 가라의 왕자가 구원을 청하므로 왕은 태자 우로와 이발찬 이음에게 명하여 六부의 군사로 하여금 구원토록 하여 八국의 적군을 쳐서 죽이고 6,000명을 사로잡아 돌아왔다"고 적고 있다. 그리고 열전 물계자전에서는 이런 글이 보인다.

> "포상八국이 짝하여 아라국을 침에 아라의 사신이 와서 구원을 청했다. 이사금이 내음으로 하여금 금부의 군사를 이끌고 구원가서 八국의 병사를 처부셨다… 그후 3년(211)에 골포, 칠포, 고사포 세 나라 사람이 갈화성 竭火城 에 쳐들어 오니, 왕의 군사를 거느리고 구원을 나가니 세 나라의 군사를 크게 무찔렀다고 본다…"

윗글에서 공통된 침공국은 골포, 칠포, 고사포이다. 그리고 이들이 친 갈화성은 가라-부리로 이두풀이가 되며 이 세 나라에 가까운 창원의 다호리에 있는 성을 친 것으로 본다. 갈화竭火는 가라-부리로 풀이되며 다호리 일대의 갈대밭을 가르킨다.

이 창원에 가까운 벌판에는 다호리가 있고 이곳에는 신김씨 왕족이 1세기부터 살고 있던 곳이다. 신김씨 왕족은 흉족 왕족의 후손으로 서기 23년에 왕망의 난을 피해 산동반도에서 이곳으로 망명 와서 살고 있던 터이다. 아마도 이들도 창원에서 나는 쇠를 가공해서 내다 팔면서 살아왔기에 뒤에 온 포상八국 사람들이 쇠무역으로 잘살게 되자 두 세력 사이에 알력이 생긴 것으로 우리는 보는 것이다.[5]

가라부리에 있는 신김씨 왕족의 나라를 가라로 봤던 것이다. 따라서 "다라 나라"와 포상국의 분쟁이 아닌 '가라와 포상국' 사이에 일어난 전쟁이었던 것이다.

포상八국에는 구야도 들었고 임나가라도 들어있었다고 본다.

왜인으로 보이는 임나가라나 구야 사람의 침공을 받아온 사로 사람들이 가라 사람(신김씨)들이 함께하여 미찌 이주민이던 포상八국 사람들과 이권 알륵으로 분쟁에 휘말리었던 전쟁이 '포상八국'난리이던 것이다.

이 포상八국 난리를 겪은 미찌 이주민이던 이 여덟 나라 사람들은 미찌 나라의 세니찌를 진왕으로 추대하는 연합국을 꾸몄다고 본다.

뭉쳐야 산다는 말처럼 이들 미찌 이주민은 해상 무역으로 중국으로 오가면서 한반도 연안의 세니찌들을 구슬려 미찌의 세니찌를 진왕으로 합의 추대했던 것으로 본다. 이 추대는 아라의 세니찌도 더불었다. 곧 포상八국 난리에서 아라가 참전했다는 물계자 기시는 오기었던 것이다.

진왕이 추대된 해는 아마도 서기 211년에서 멀지 않은 해일 것이다. 따라서 고이왕이 즉위한 해는 서기 234년 이전일 것으로 본다. 그 까닭은 진왕 제도를 본 따서 규슈로 간 미찌 이주민이 세운 야마또의 히미꼬 여왕이 이미 서기 233년에 사로에 "친서"를 보내왔다고 삼국사기 신라 본기는 전하고 있기 때문이다. 아마도 진왕에 보낸 사신일 것이다.

위에서 보듯이 미찌는 위 나라와 원수사이었다. 그래서 미찌는 왜나라와 달리 위나라 건국에 즈음한 축하 사절도 안 보냈고 조공 기사도 위지에는 없다. 그런데 위나라 경원 2년(261) 기사에, "낙랑 밖의 오랑캐 '한'과 '예맥'이 무리를 이끌고 와서 조공했다"고 적고 있다.

책계왕이 위 나라에 사절을 보낼 리 없으니 아마도 이 "한"은 사절이 아닌 "한"의 한 고을에서 온 무리를 뜻한다고 봐야겠다.

위나라와 서먹했던 미찌나라는 아마도 위나라를 무찌른 "진"나라에는 조공 사절을 보냈을 수도 있으며, 서기 277년에서 서기 291년까지 여덟 번이나 마한 조공 사절을 보낸 나라가 미찌일 수도 있었겠다.

하여간에 3, 4세기에 구야 땅에 지은 왕급 고분은 이곳에서 구야 세니찌의 후손이 임금/세니찌였음을 알려 준다.

그러나 서기 369년에 백제는 이곳 남가라를 무력으로 차지하며 다무로를 차렸고 모꾸라 곤시 장수를 확기로 책봉한 것이다. 이 아랫가라/남가라는 위 장수의 아들인 모꾸라 마찌가 후왕 자리를 물려받았으나 서기 420년 이후에 자진 백제로 돌아갔다. 그리고 이곳에는 김해 김씨 왕족이 다시 왕권을 누리게 됐다. 그러나 4C 이후 이 나라는 쇠퇴 일로를 걸었다.

그리고 서기 532년에 구해왕이 자진 신라에 제나라를 바칠 때까지 김해 김씨 왕족은 영화를 누렸던 것이다.

구야 세니찌인 진친는 성이 없다. 김해 김씨가 성을 갖게 된 것은 구해 왕의 아들 무력이 장수 때부터라고 한다.

신운 나라의 세니찌 게찌호

위지 한전은 신운臣雲 나라의 세니찌가 견지보遣支報라고 한다. 신운臣雲은 중고음이 zien-un으로 이두 풀이가 세누나이다. 그 세니찌 견지보遣支報는 중고음이 Khen-tsie-Pau이며 이두 풀이는 게찌호이다. 그리고 열거된 쉰 넷 마한 나라에는 신운신이라는 나라가 있는데 신운과 가장 가까운 이름이다.

이 신운신이라는 나라는 위지 한전에 구라/장성이란 나라와 여래비리/화순이란 나라 사이에 열거돼 있다.

화순과 장성 사이에 나라가 있으므로 아마도 신운 나라는 나주 지방에 있던 나라라고 생각된다. 이것을 뒷받침하는 고고학 사실이 나주 반남면 일대에 밀집한 고분군이다. 더구나 이 고분군은 독무덤이며 수세기를 이어간 이곳 전통이기도 하다. 독무덤 9호에서는 금동 고소가리/왕관과 금동 신발 그리고 고리자루 칼 등이 나왔다.[6] 9호분에는 아홉 독널이 들어 있다. 5세기 초에 지은 독널의 유품으로 백제 다무로의 학기가 묻힌 무덤임에는 틀림없다. 다만 이 다무로의 학기는 신운 나라의 세니찌의 후손일 것이라는 짐작이며 이제 그 근거를 살펴보기로 한다.

진서에는 서기 277년에서 서기 291년에 이르는 동안에 마한이 여덟 번이나 조공했다고 적고 있다. 마한에서 조공 간 이들은 누구일까? 아마도 나주 지방에 있었다고 생각되는 신운 나라의 세니찌 후손일 수도 있어 보인다.

이제 그 근거를 알아본다.

위나라 경원 236년 대목을 보면, "낙랑 밖의 오랑캐 한과 예백이 무리를 이끌고 (조공하러) 왔다고" 적고 있다. 이 "한"은 미찌 사람이 아닌 것은 확실하다. 미찌는 사둔인 공손 왕권을 없애고 고이왕을 전사시킨 "위"나라를 미워했던 것이다.

그렇다면 위 나라에 조공 간 마한 사람은 누구일까? 아마도 이 "한"은 낙랑에 이웃한 한인들이었겠다. 그만큼 미찌 나라의 통치는 허술했던 것이다.

미찌는 원수 위나라를 없앤 "진"나라에 조공할 수도 있었겠다. 그 까닭은 마한에는 신운 나라의 세니찌도 있고 분신리아의 세니찌도 있으나 고분 유적의 연대, 규모, 유품으로 미루어 볼 때 신운 나라가 진나라에 조공 갈 수 있는 나라일 가능성이 보인다. 영산강이 흐르는 나주 벌판에 있던 신운 나라는 농산품이며 해운이며 진나라에 독자로 조공 갈 요건을 갖추고 있던 것이다.

신운 사람은 3C에 무역선이 남해와 낙랑 사이에 오간 것을 눈여겨 봤을 것이고 따라서 3세기 말에 진나라에 여덟 번 조공을 간 마한 나라가 신운 나라일 공산이 있다고 보는 것이다. 이것을 뒷받침하는 사실이 신미 나라의 조공이다. 신미 나라는 섬진강 하구 현 광양에 있던 나라로 진나라에 한 번 조공 간 나라이다. 신미 나라는 신운 나라가 진나라에 조공하는 소식을 듣고 신미 나라도 진나라에 조공 갔었을 수도 있겠다. 이 신미 나라는 서기 369년에 백제가 도륙했다. 이렇듯이 신운 나라가 진나라에 조공했다는 공산은 있으나 고고학 증거는 아직 없다.

서기 346년에 미찌를 무찌른 백제는 서기 369년이 되면 무력으로 가야 지방을 평정한 다음에 전라 지방까지 차지하고는 다무로를 각처에 두고 확기 곧 후손을 책봉하고 다스렸다. 이에 따라서 신운에도 다무로를 두고 그곳 세니찌 후손을 확기로 책봉했을 공산이 크다.

곧 나주 반남면의 독무덤 9호에는 3세기에 이곳의 세니찌이던 게찌호의 후손이 백제 다무로의 확기로 있다가 묻혔다고 우리는 보는 것이다.

이 주장의 근거는 반남면 고분 9호의 존재이다. 네모난 봉분을 가진 이 고분 9호에는 열두 독널이 있어서 가족 무덤이라고 한다.

그런데 이 고분 9호의 한 독 널에서 금동 고소가리/왕관과 금동 신발이 나온 것이다. 그 밖에 고리 자루 칼도 나왔다고 한다. 이 고소가리는 백제 것과 달라서 이곳에서 만들었을 공산이 크다고 한다. 여러 정황에서 이 무덤은 5세기 말 것으로 보고 있다.

백제 다무로의 이 확기는 아마도 3세기 세니찌 겐치호의 후손일 것이라는 것이다. 그래서 독무덤이라는 이곳 고유 풍습이 수세기 동안 이어졌다는 것이다.

그리고 중국 남제에 보낸 동성왕의 상표문에는 고구려 침공에 맞서 싸운[7] 전라 지방의 확기들 이름이 여럿이 보이는데 그 가운데 팔중왕은 반남에 있던 확기/후왕으로 보며 아마도 이 확기가 묻힌 독 널에서 고소리가 나온 것으로 본다.

요컨대 3세기 후반에 마한의 신운 나라가 신미 나라처럼 진 나라에 조공 갔을 공간도 있다고 본다.

그리고 서기 369년 이후 538년까지 백제의 다무로였다는 것이다.

아야 세니찌 : 데찌

이제 아야女邪 나라의 세니찌를 알아 본다. 안사女邪는 중고음이 an-zia이며 이두 풀이는 아야이다. 세니찌 축지踧支의 중고음은 dek-tsi이며 이두 풀이는 데찌이다.

아야는 변한 열두 나라의 하나이다. 말이산 고분군이 있는 함안에 있던 나라 이름로 아야이며 아라로 더 알려졌다. 아야는 안사女邪로 적으며 중고음은 an-zia이다.

아야/아라를 포함한 변진 24나라의 세시 풍속을 짤막하게 위지 한전은 다음과 같이 전하고 있다.

> "변진 가운데 큰 나라는 4, 5천 호가 되고 작은 나라는 6, 7백 호가 된다. 그 가운데 12나라는 진왕에게 신속한다."

진왕은 늘 마한 사람을 임금으로 삼아 대대로 이어간다. 그러나 진왕은 혼자 임금이 될 수 없다. 이곳은 땅이 걸고 기후도 좋아 오곡과 벼를 기르기에 알맞고 누에를 치고 비단을 짠다. 말과 소를 타거나 수레를 끌게 하지는 않는다.

남해안에 많이 살던 미찌 이주민은 중국 사정을 잘 알 뿐 아니라 해상 무역으로 크게 번영했다.

아야 세니찌 데찌의 후손이 묻혔을 3, 4C의 말 이 산 고분들 가운데 위신재가 나오는 무덤이 없다고 한다.

그러나 5C에 지은 고분 45호에서 비로소 고소가리와 같은 위신재가 나왔다.[8]

또한 고분 4, 6, 8, 25 등 5C 대에 지은 무덤에서 순장 풍습이 보인다. 이 순장 풍속은 가야 지방에 5C 이후 생긴 백제 다무로의 후신인 독립 왕국에서 흔히 볼 수 있다.

백제 왕족은 북방 부여 출신이며 그 순장 풍습이 가야 왕국에서 되살아났다는 것이다. 곧 아야/아라도 서기 369년에 백제 다무로가 되면서 백제 왕족의 종친이 이곳 다무로의 확기로 책봉됐을 것이라는 것이다.

구야/김해의 경우, 그곳 다무로에는 모꾸라 곤시 장수가 확기로 책봉되고 있다. 아야/아라도 백제 다무로가 되면서 데찌 세니찌의 후손은 밀려났던 것이다. 순장은 백제 확기가 갖고 온 외래 풍습이며 이 아라에 있던 5C 왕국도 예외가 아니라는 것이다. 마갑총이나 다른 여러 고분에서 마갑이나 마구가 나오는 것은 백제 다무로의 유품이라고 보는 것이다.

한편 중국 남제에서 만든 청자 사발의 출도는 아라가 남제에 조공 사절을 보낸 증거라고도 한다.

요컨대 3세기 아야 세니찌이던 데찌의 나라는 서기 369년에 밀려나고, 서기 369년에서 서기 400년까지는 백제 다무로이다가 서기 400년 이후 독립 왕국으로 영화를 누리다가 서기 562년 즈음에 신라로 넘어간 것으로 본다.

끝으로 신라 본기 물계자전에서 포상 세 나라와 싸운 나라가 "아라"라고 하는데 이것은 "가라"의 오기이던 것이다.

서기 211년 이후에 아야/아라의 세니찌는 구야의 세니찌와 함께 미찌의 세니찌를 진왕으로 추대하고 있는 것을 봐도 알 수가 있다.

미찌 이주민 세력인 구야 편에 서지 않고 적이었다면 아야가 진왕 추대에 동의할 수 없었을 것이기 때문이다.

분신리아의 세니찌

분신리아濆臣離兒는 중고음이 phun-zien-lie-zie이며 이두 풀이는 후세리아이이다. 세니찌 불례不例의 중고음은 phuat-liei이며 이두풀이는 후리이다.

그런데 이와 비슷한 이름을 가진 나라는 불사훈사/후시후시이다. 이 나라는 승주 내지 낙안으로 비정되고 있다. 그런데 이곳 근처에는 이렇다 할 고분군 유적이 없다. 아마도 이 나라는 한동안 세력이 컸다가 3세기 말에는 사라진 것으로 보인다.

고고학 고찰

(1) 인천·김포 지역의 고분

앞에서 살핀바 미찌 나라의 세니찌이자 마한과 변한을 거느리는 진황이 왕도를 데무로/인천에 두었던 시기는 서기 215년 전후부터 서기 246년까지다. 따라서 2C에는 이미 인천·김포 지방에 미찌 사람들이 살고 있었음을 뜻한다.

인천·김포 지역의 고고학 조사 결과를 보면 분묘 유적의 수는 11군데, 유구는 19기에 이른다고 한다(김기옥, 2014).

〈표 1〉 인천 김표지역 원삼국시대~삼국시대 분묘 유적 현황
(김기옥, 2014, 원삼국~삼국 시대 분묘 유적의 조사 현황과 성격,
인천, 마한과 만나다. 검단선사박물관 전시 기획)

	유적명	분묘	중요 출토 유물
1	영종도 는들	분구묘(?) 1기	낙랑토기, 철경동촉
2	인천 운서동 유적	분구묘 2	환두대도, 단경호, 궐수문장식
3	인천 중산동 유적	분구묘 2	환두대도, 단경호
4	인천 구월동 유적	분구묘 13, 목곽묘 1, 목곽묘 3 등 17기	환두도, 직구소호
5	인천 연흐동 유적	분구묘 58기	환두대도, 철모, 철정
6	인천 동양동 유적	분구묘 1, 목관묘 4, 옹관묘 1 등 6기	단경호 심발형 토기
7	김포 학운리 유적	주구토광묘 1, 목관묘 6등 7기	환두대도, 철모, 단경호
8	김포 양곡 유적	분구묘 4, 주구토광묘 4, 목관묘 1 등 9기	이조돌대주조철부, 대옹
9	김포 구래동 유적	분구묘 1, 추정분구묘 1 등 2기	대옹편

10	김포 양촌 유적	분구묘 33, 목관묘 10 등 43기	한두대도, 낙랑계토기
11	김포 운양동 유적	분구묘 32, 목관묘 33등 35기	금제이식, 한국식동검, 철제무기, 낙랑계토기
	합계	분구묘 146, 주구토광묘 5, 목관묘 27, 목곽묘 1, 옹관묘 1, 추정분구묘 2	

위 표에서 세 가지 유품이 우리 주목을 끈다.

첫째로 부여 것이라는 금귀걸이다. 이곳으로 부여에서 온 귀인이 찼을 금귀걸이는 이곳에 부여 출신 미찌 귀족이 있었음을 뜻하는 것이다. 이곳 미찌에서 온 사람들 가운데 많은 이는 한반도 서해안 따라 옮겨갔고 남해안 그리고 바다 건너 왜 땅에도 살게 된 것이다.

둘째로 철모/쇠 창의 출토이나 왜땅으로 건너간 미찌 이주민들은 쇠 대신 청동으로 투겁창을 만들고 날도 커지면서 굿에 쓰였을 제기가 되면서 신주처럼 모시게 된다.

대마도에서는 이러한 투겁창이 122개나 나오고 있다. 이 투겁창의 분포를 연구한 오오바 이와오는 이 같은 투겁창이 혼슈 북쪽에서 1C 것이 나온다고 한다. 철모 고리 자루 칼은 무기를 갖춘 군사 집단이었음을 시사 한다.[9]

셋째로 덩이쇠와 낙랑 토기이다. 덩이치는 위지 한전에 적힌 대로 구야 등 변한 사람이 쇠 교역을 크게 했다는 기록을 뒷받침한다. 더구나 낙랑토기의 출토는 미찌가 낙랑과도 교역에 있었음을 시사하는 것이다.

미찌가 왕도를 미추홀 곧 인천에 두었던 기간은 서기 246년까지며 불과 20년 정도이다. 다음 100년을 우리구루에 왕도를 두었던 미찌 나라이기에 우리구루이던 풍납토성에서 나온 고고학 자료를 이제 살펴보기로 한다.

인천에 있던 미찌 나라의 무덤터

김포 운양동 유적은 미찌/미추홀 왕족의 무덤터라고 본다. 운양동 분구묘에는 구석기 시대에서 조선시대에 이르는 유구 300여 기가 발굴, 조사됐다. 이 가운데 가라시대 무덤은 35기이다. 이 무덤들은 네모나고 도랑을 둘렀다. 이 무덤들의 무덤 구덩이의 크기는 길이 2.7m~3.2m, 너비 1.1~1.6m, 깊이 20~70cm이다. 김포·인천 지역의 무덤들의 꼴은 네모나며, 그 모습은 충청, 전라 지방의 분구묘에서 흔히 볼 수 있고, 다만 널 대신 독을 쓰는 게 영산강 일대의 무덤 특징이다.

유품 (고분 122호)

부여 금 귀걸이, 좁은 놋 단검, 쇠 큰칼, 쇠 투겁창 및 여러 쇠붙이이며, 진·변한 것과 같은 쇠무기가 나왔다. 또한 낙랑계 토기와 옥 목걸이, 옥 팔찌, 옥 대롱 등의 꾸미개 등이 나왔으나 토기 유품은 많지 않았다. 쇠 큰칼은 낙랑에서도 상류 무덤에서만 나오며, 지배층만 지니는 칼이란다. 또한 좁은 놋 단검은 서기 전 300년에서 기원진 1C까지 우리나라에 보이며, 이곳 운양동 검은 1C 것이란다. 투겁창과 쇠촉도 진·변한 것과 같으며, 이들 무기는 심한 것이 비슷하다고 한다.

이상에서 보듯이 운양동 유적의 중심부에 있는 무덤들은 2, 3C 것이며, 부여 금 귀걸이, 한 대 큰 칼, 낙랑 토기와 각종 옥 사치품들의 출토로 미루어서 이 유적지에는 미찌가 서기 2C 전후에 인천에 왕도를 차린 뒤 마한과 변한을 거느렸던 진왕의 나라 미찌/미추홀의 왕족 무덤터라고 보는 것이다.

미찌 나라는 이 무덤터를 서기 246년까지 썼으며, 왕도를 우리구루 곧 현 풍납토성으로 옮긴 뒤에는 서울 송파구에 있던 무덤터를 썼을 것으로 본다. 이 송파 유적 무덤터의 가라시대 무덤들은 완전히 해방 혼란기에 파괴된 상태이다. 한편 우리구루 곧 풍납토성에서 나온 유품 가운데 유품을 가려내는 연구가 기대된다.

풍납 토성의 유물

1964년 이래로 이룬 발굴 결과로 풍납 토성에서 나온 유물은 수십만 점인데 그 가운데 미찌의 존재를 밝혀 주는 유물이 우리 관심사이다.

첫째로 시유 도기가 30여 점이 나왔다고 한다. 그런데 이 시유 도기가 서진 것인지 동진 것인지 잘 알 수 없다는 것이다. 미찌 나라는 서기 246년에 우리구루로 왕도를 옮겨 온 뒤 서기 346년에 멸망할 때까지 이곳에 있었다. 서진은 265년에서 316년까지 있었고 동진은 316년에서 419년까지 있던 나라이다. 그런데 진서에 따르면 8차례나 마한이 조공 사절을 보냈다고 적고 있는 것이다. 조공간 위 마한이 진왕(미찌) 나라가 아니냐 하는 것이다.

만일 풍납토성에서 나온 시유 토기가 서진 것이라면 미찌 나라와 서진 사이에 교섭이 있었다는 증거인 것이다.

현재 학계에서는 이 시유 토기가 서진 것인지 동진 것인지 의견이 분분하다. 풍납토성의 시유 토기의 발광연대 특정을 해보면 결론을 낼 수 있을 것이다.

진서四 이전에는 마한이 여덟 번 조공 왔다는 기사가 있다. 곧 217, 278, 280, 281, 286, 287, 289, 290년에 마한이 조공했다고 한다.

이 마한 나라는 어느 곳일까? 풍납 토성에서 나온 시유 토기는 미찌가 진나라에 조공 갔을 공산이 큼을 뜻한다.

다만 진한도 세 번, 신미도 한 번 조공 간 기사가 四 이전에 나오는 만큼 마한의 다른 세니찌 나락 진나라에 조공 갔을 수도 없지는 않다.

다만 신양에 있던 동이 교위가 진나라의 동이 교섭을 맡았으므로 이곳에 가까운 미찌는 그곳에 가기가 쉬웠을 것이다.

하여간에 풍납 토성에서 나오는 낙랑 토기는 낙랑과 미찌가 위나라만 빼고는 공손 정권이나 진나라와 교섭이 있었음을 시사한다.

진왕 시대의 이모저모

진왕은 마한과 변한의 다섯 세니찌가 추대해서 되며 홀로 설 수는 없었다. 그것도 세력이 컸던 구야의 세니찌가 주도했다고 본다. 3C 초에 쇠 교역으로 규야는 한참 피고 있던 나라였다.

낙랑, 왜, 예맥까지 배로 다니며 쇠 장사를 했던 것이다. 그리고 해상 무역으로 오가는 길에 있는 세니찌들과 의논해서 진왕을 추대했던 것이다. 언약이자 문서 기록이 없던 것이다. 군역도 부역도 세금도 진왕이 거두었다는 아무 징표가 없다.

그렇다면 진왕 추대를 언약을 한 세니찌가 떠나면서 진왕이 생긴 연유도 잊게 되고 진왕은 이름만 있게 됐던 것은 아닌지 당시 기록이 없어 잘 알 수가 없다.

책계왕이 가나구루로 천도한 뒤 이 사태는 더욱 굳어졌고 각 세니찌의 나라들은 제 살길을 살아갔던 것은 아닌지?

위나라를 이은 진나라에서는 요동 심양에 동이교위를 두고 동이와 교섭하고 있었다. 이즈음 한반도는 평화롭기만 했다. 위지 한전은 이때 풍속을 간략히 적고 있다. 이나라 사람은 기강 곧 예의범절이 없으며 장유유서도 없고 사는 집은 짚으로 덮은 움집이다. 그 안에서 남녀노소가 한데 살고 있고 무덤에는 널을 쓰나 덧널은 없다. 그리고 소나 말을 탈 줄을 모른다. 구슬을 보배로 치며 금은은 알지 못한다. 해마다 오월이 되면 씨 뿌린 뒤 귀신에게 굿을 한다. 그리고는 떼를 지어 노래와 술로 밤을 지새며 춤을 춘다. 시월에 가을걷이 뒤에도 마한까지 소마리에 집단을 차리고 뎅그리가 천신을 모신다.

이상에서 보듯이 마한 사람은 소박하나 다툼 없는 평화로운 삶을 이어갔던 것이다.

여기서 짐작되는 것이 부여에서 내려와서 군림하는 미찌 사람들과 토배기 가라 사람들 사이는 마찰 없이 동화해 갔던 것이다.

우씨인 진왕 자리를 지킨 미찌 임금은 고이, 책계, 분서, 그리고 계왕이며 서기 346년까지 이어갔다. 서기 234년 이전 임금은 시조 비류 말고는 기록이 없다.

중간에 여씨 비류왕이 있었다고 삼국사기는 적고 있으나 아무리 봐도 부자연스럽고 가필이던 것이다.

3장

1 김영덕 : 미찌/미추홀의 역사, 비히네 출판, 2020, p. 12.
2 김영덕 : 신김씨와 다호리, 유튜브 강연, 2023. 12. 3.
3 김영덕 : 소미리와 이소마리, 유튜브 강연, 2024. 4. 26.
4 신경철, 재유 : 대성동 고분군 2, 경성대학교, 2000.
5 김영덕 : 가라부리기, 유튜브 강연, 2024.
6 성락준 외 : 나주 반남 고분군, 광주 박물관, 1988, p. 83.
7 유원재 : 중국 정사 백제진 연구, 학연 문화사, 1995, p. 361.
8 조신규 : 최신 조사 성과를 통해 본 아라가야, 13차 아라가야 이야기 학술회 자료집, 2021, p. 23.
9 오오바 이와오 : 고 씨족의 연구, 나가이 출판사, 1975, p. 58.

4장
소마리

소마리란 신령을 모시는 산을 뜻한다. 소는 백제말로 신령을 뜻하고, 마리는 산을 뜻하던 우리 말이다.

인천 강화섬에는 마니산이 있다. 마니는 마리가 바뀐 말이고 원래 이 산은 소마리였다.

미찌는 미추홀의 원 이름이고 서기 246년까지 존속했고 인천을 왕도로 그 뒤는 서울 우리구루/위례성에서 서기 346년까지 그 임금이 진왕이었다.

미찌의 진왕은 마한 쉰 넷 나라와 변한 열두 나라를 거느리는 임금이었다. 이 진왕의 왕도에는 소마리와 이소마리가 있었다. 소마리는 강화 마니산에 있었고 이소마리는 인천 문학산에 있었다.

소마리는 천신이 내려오는 뫼로 뎅그리/무당이 소 곧 천신을 검단에서 모시는 자리였다. 검단/黔丹은 그 이두풀이가 검다라로 신령을 모시는 돌 자리인 것이다. 미찌 나라 왕족은 천손이라 믿고 천신을 모셔 받든 것이다. 이곳에서 나라와 백성의 안녕을 철마다 빌었던 것이다.

한편 신령은 천신뿐 아니라 지신도 있고 온갖 신령이 있다고 믿었기에 이 신령들을 모시는 이소마리는 소마리에 "이"를 더하여 이소마리라고 불렀다.

이 소마리 믿음 풍속을 위지 한전은 전해 주고 있는 것이다. 이들 신령들을 모시는 곳을 "소도蘇塗"라고 한다고 한전은 전한다.

소도에서 소는 신령, 도는 터를 뜻하며 신령을 모시는 성역이다. 고을마다 소도가 있었다고 한전은 적고 있다.

이 믿음 풍속은 미찌가 왕도를 서울 우리구루/위례성으로 옮긴 뒤에도 이어갔던 것이다. 이 당시에 한반도 남해안 거쳐 왜 땅 규슈로 건너간 미찌 이주민도 이 소마리 믿음을 이어 지킨 것이다.[1]

왜 땅의 소마리

일본 서기 신대기에 나오는 글귀이다. 신라 "소시모리"에 내려온 스사노오 천손은 이곳이 싫어서 이스모로 갔다. 여기서 소시모리는 솟 모리와 같다고 보면 소마리가 바뀐 말이던 것이다.

이스모란 일본 혼슈의 북안에 있는 지방 이름이다. 이곳에서 낳은 스사노오의 六대손이 오오나무찌/大己貴 신령이란다.

이 신령의 별명이 오오구니누시/大國主 또는 오오모노누시/大國主 또는 구니쓰꾸리 오오나무찌/國作大己貴 신령이라고도 한다.

여기서 눈여겨볼 점은 오오나무찌 신령이 다무로/大物 신령이기도 하고 나라를 세운 신령이라고도 하고 있다는 것이다.

무찌는 미찌와 통하며 나라 이름이던 것이다. 그런데 여기서 무찌를 귀貴자로 이두표기한 것을 보면 땅귀신 기祇와 귀貴의 고음 "기"가 같으며 무찌는 땅 귀신기祇 곧 지신地神을 뜻한다고 우리는 보는 것이다.

다무로 역시 미찌 사람들이 즐겨 쓰던 땅 이름인데 이 신화에서는 터줏대감의 이름이 되고 있는 것이다. 대물大物은 이두 풀이가 다무로이다.

다무로는 미찌 이주민이 즐겨 쓰이던 땅이름이다.

이 오오나무찌는 스꾸나히꼬나 신령과 힘을 모아 온누리를 다스리게 됐고 이 나라를 천상에 바친 뒤에 오오미와 신사의 뒷동산 미모로야마/御諸山로 떠났다고 한다. 모로는 마리와 통하며 이 산 이름은 원래 소마리이던 것이다.

그런데 일본에서 가장 오래된 신사가 오오미와/大神 신사인데 그 뒷동산의 이름을 이두풀이 하면 소마리인 것이다. 더 놀라운 것은 모노노베 씨족이 세운 이 신사의 뒷동산에 있는 바위 세 덩어리에는 오오나무찌, 오오모노(大物), 스꾸나히꼬나 신령을 모시고 있다는 것이다. 이 가운데 앞 두 신령은 소노가미/園神라고 하며 뒤 신령은 가라 韓가미라고도 부르고 있는 것이다.

소노가미란 소마리네 신령이고 가라가미는 가라 사람의 신령이던 것이다. 앞 두 신령은 소마리를 믿는 이주민 모노노베 씨족의 터줏대감이고 가라가미는 가라 선주민의 터줏대감을 부르는 이름이던 것이다.

미찌 나라의 소마리 믿음이 20세기 일본 신사에서 오늘날까지 지켜지고 있는 것이다. 오오미와 신사에서 조금 떨어진 덴리시에는 일본 최고 신궁이 있는데 이소노가미 신궁이란다. 이름부터 이소(마리)네 신령이라

오오미와 신사

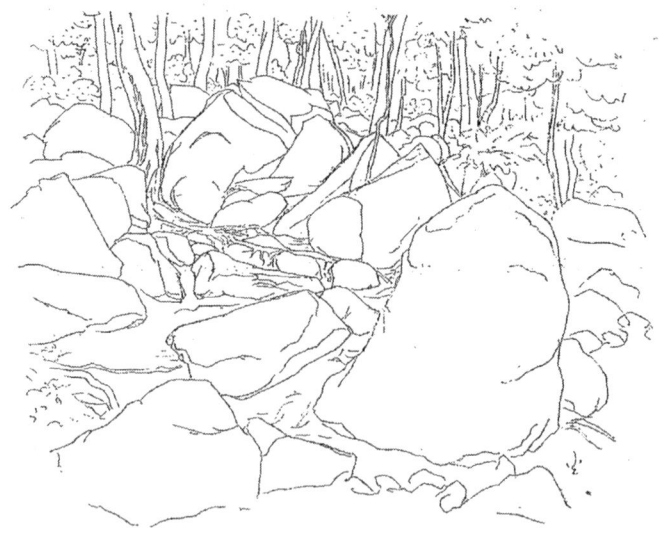

오오미와 신사의 검단(미모로산)

이소노가미 신궁

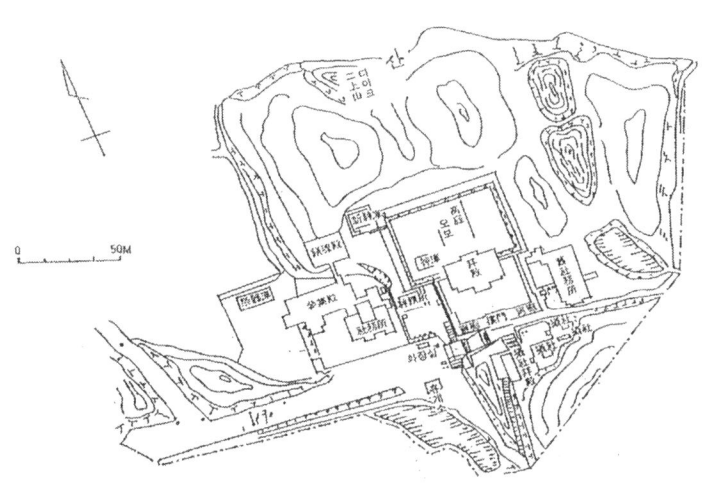

이소노가미 신궁의 설계도
二上山 / 이소마리

히미꼬 여왕

(1) 히미꼬 여왕의 출자[3]

이 여왕의 이름에서 비미卑彌는 중고음이 Pi-mie이며 히미로 이두풀이 된다. 그런데 이 히미는 마한의 쉰 넷 나라 가운데 하나이자 현재 충남 서천군 비인으로 비정된다.

이 비인庇仁은 비중庇衆이 바뀐 지명이고 비중은 비미가 바뀐 지명이란다. 여기 중衆은 뭇을 이두표기한 것으로 보면 비미는 원래 히밋/해 무리이던 것이다.

히는 해를 뜻한다. 따라서 히밋은 해뭇과 통하며 해를 모셔 받드는 사람들이 사는 고을을 뜻한다. 이 해를 상징하는 거울을 히미꼬는 굿에 애용했던 것으로 보인다.

한편 呼는 중고음이 xu이며 "구"이고 "고"와 통한다. 그런데 흉노왕을 '뎅그리 고도'라고도 부르며 뎅그리는 하늘, "고"는 자손을 뜻하며 천자라는 뜻이란다.

그렇다면 이 본에 따라 히미꼬는 히미의 자손이 되며 히미꼬는 마한에서 온 무당이라고 봐야 하겠다.

히미꼬 여왕이 한반도 태생이라는 증거는 더 있다.

왜인전은 야모또 나라 남쪽에 구나狗奴 나라가 있는데 히미구꼬가 그 나라 왕이라고 했다. 그리고 이 구나 나라는 히미꼬 나라와 처음부터 불화했다고 한다. 무슨 사연이 있었을까?

히미구꼬는 히미의 큰집 자손으로 이해하면 이들은 종가집 자손이다. 규슈로 와서 이 큰 집 자손은 작은집 히미꼬 여왕 나라의 남쪽 두메골에 살게 되어 작은집 히미꼬 여왕의 나라와 빈부 차이가 컸기에 불평했고 불화했던 것이겠다. 더구나 서기 247년 전후에 히미꼬의 나奴 나라와 구나 狗奴 나라 사이에 전쟁이 났고 참패한 구나 나라 사람들은 먼 구마모도 현 다마나시 일대로 물러나 살게 됐고 백제에서 확기를 서기 458년에 모셔 왔던 것이나 다마나는 다마라와 통하며 '다마라'는 미찌 이주민이 즐겨쓰는 지명이다. 곧 히미구꼬는 미찌 이주민이던 것이다. 히미는 미찌가 거느리던 땅 이름이기에 히미꼬나 히미구꼬는 둘 다 미찌가 다스리던 히미에서 온 미찌 이주민이던 것이다.

위지 왜인전은 히미꼬 여왕이 서른 나라를 거느렸다며 그 나라들과 벼슬 이름을 적고 있다.

야마또의 한 나라인 이도 나라 우두머리의 벼슬이 일대솔一大率이고, 또 한 나라에는 확기獲支라는 벼슬이 있다.

이들 벼슬은 이두로 '이다수루'와 '확기'가 된다. 다수루는 미찌/백제의 벼슬이름이며 이 벼슬 이름을 빌리면서 이를 더해 이다수루라는 이 벼슬 이름이 된 것이다. 확기는 이나리야마 칼글에 나오는 백제말이며 후왕을 뜻한다. 이 두 말은 아마도 미찌에도 있던 벼슬 이름일 것이다.

야마또의 여러 나라들 벼슬 이름도 우리말로 풀이됨을 김사엽은 밝히고 있다. 가령 모리母離는 우리 말 머리이고, 나리那利는 벼슬아치를 뜻하는 우리 말 나리와 같고, 나奴는 땅을 뜻하는 우리 말 나와 통하고, 확기 獲支는 백제 말로 후왕을 뜻하는 확기와 같다.[4]

이 말은 고사기에는 화기 和氣히로 나오고 일본 서기에는 別자를 쓰고 있기도 하다 다만 확기에서 ㅎ이 떨어진 와께라고 말소리가 바뀌고 있다

미꼬의 고향 나라 미찌의 말이 그대로 야마또 나라의 벼슬 이름이 된 것이다.

그런가 하면 위지 한전은 부산에 3세기에 왜인이 살고 있다고 했고 왜

인전은 구야/김해가 왜 북단이라고 했다. 이 왜인전에서 왜인은 흔히 야마또 나라의 지배층 곧 미찌 이주민을 가리키는 말이다. 이들은 미찌 이주민인 것이다.

대방 관리가 본 현지의 견문을 바탕으로 위지 왜인전에 왜인으로 나오기에 이 두 겨레는 다 미찌 이주민을 가르키는 "왜인"이던 것이다.

이상 여러 가지 사유로 히미꼬 여왕은 미찌가 거느리던 마한의 히미/비인에서 규슈로 간 미찌 이주민인 무당이던 것을 알 수 있다.

(2) 히미꼬 여왕의 귀도

이 여왕의 귀도鬼道는 "초기 도교를 더한 무속"이라고 한다.

위지 한전에는 삼한에는 고을마다 소도/성역이 있고 천군/덴구리가 큰 나무를 세우고 종과 북을 달고 하늘에서 신령을 모셔 굿을 한 것을 적고 있다.

그런데 이 신앙 풍속이 일본 열도로 건너가서는 그대로 보존되는 것도 있지만 바뀌기도 한다. 이 종이 구리로 만든 것이 동탁인데 일본 열도에서는 혼슈 중부에서는 이 동탁이 신령이 깃든 영물이 되면서 모셔 받드는 숭배 대상이 된 것이다. 이 동탁 영물 풍속은 2세기 말까지도 지켰다고 한다.

한편 북규슈와 혼슈 서부에서는 동탁 대신에 구리창/투겁창을 영물로 모시는 풍습이 생겨 2세기까지도 이 풍습이 성했다고 한다.[5]

그런데 히미꼬 여왕시대에 들어서면서 이 두 영물 대신에 구리 거울이 영물로 자리를 차지했다고 한다. 그래서인지 히미꼬 여왕이 서기 239년에 건국 축하 사신을 위나라에 보냈을 때 위나라는 "친위 왜왕"이라고 칭송하면서 100개의 청동거울을 하사했다고 한다.

한편 미찌의 진왕은 위나라와는 사돈인 공손씨 정권을 무너뜨린 나라로 껄끄러운 사이여서 건국 사절을 보낼 형편이 아니었다. 더구나 서기 426년에는 진왕 고이왕이 대방으로 쳐들어가 전사하는 사태가 있기도 해서 위나라와는 절교 상태였다.

구리거울 100개를 위나라에서 하사받은 것을 봐도 히미꼬 여왕은 구리거울을 굿에 애용했던 것이다.

이 여왕시대 이후 동탁과 구리창을 영물로 모셔 받드는 풍속은 사라졌다고도 한다. 이렇듯이 고향 히미에서도 해를 상징하는 거울이 굿에 많이 쓰이다가 규슈에 온 히미꼬 여왕 시대에는 영물로 받들게 된 듯하다.

이 거울도 도술을 적은 포박자 같은 책에는 지름이 9치 이상 되는 거울만이 제 구실을 하는 것으로 적고 있다.

이런 큰 구리거울을 이레 동안 밤낮으로 지켜보면 신령을 볼 수도 있다고 박포자는 적고 있다. 그래서인지 일본 고분시대(3세기~6세기)에는 이같이 큰 세모테 신수 거울이 고분에서 300개 이상 출토될 만큼 성행했다고 한다.

이들 세모테 신수경에는 도교의 길상구며 네 신수상이 새겨져 있어 도교사상이 배어 있는 것을 알 수 있다.

이런 구리 거울의 출토로 히미꼬 여왕의 귀도가 초기 도교를 더한 무속이라는 것을 알 수 있다는 것이다.

야마또의 소마리

히미꼬 여왕이 머물던 나라는 나奴 나라로 현 가즈까시로 보고들 있다. 그런데 이 나나라와 이도반도에 있던 이도나라 사이에는 고조산高祖山이라는 산이 있다. 그런데 조산祖山은 이두풀이가 소마리이다. 소는 신령을 뜻하는 백제말이다. 산은 당시 마리라고 미찌 이주민은 불렀으며 이 산 이름은 소마리 곧 신성한 산이던 것이다. 소마리는 미찌나 백제 사람의 믿음에서 천신이 내려오는 거룩한 산이며 이 소마리에서 천신을 모시는 굿을 천군 곧 뎅그리가 드리던 곳이다.

그렇다면 고조산 곧 높은 소마리에서 히미꼬 여왕이 천신을 모시는 굿을 드리던 곳이 아니겠는가?

이것을 뒷받침하는 사실이 두 가지 있다.

하나는 모노노베 씨족은 북규슈를 떠나 4세기 초에는 혼슈 나라현 시끼로 이주해 온 것을 문헌과 고고학에서 여러 학자들이 밝히고 있다. 일본에서는 오늘날까지도 모노노베 씨족이 세운 신사인 오오미와 신사와 이소노가미 신궁에서 소마리 믿음을 지키고 있지 않은가?

또 한 가지는 고조산 근처에 구시후리라는 지명이 있다는 것이다.

김해의 구지봉은 이두풀이가 구시부리이며 이곳에는 2, 3C 당시에 미찌 이주민이 살던 곳이기도 하며 이들은 소마리 대신에 구시부리라고 신성상을 불렀고 이 소마리와 구시부리 전통을 히미꼬 여왕은 지키고 있던 것이다.

이 고조산 곧 소마리 또한 히미꼬 여왕이 미찌 출신임을 알려 준다.

히미꼬 여왕의 무덤

위지는 이 여왕의 무덤이 큰 봉분이며 지름이 약 100보(145m), 순장수가 100인이라고 적고 있다.

그런데 이 왜인전에서 여정 거리를 실제보다 10곱 늘려서 적은 것을 보면, 위 무덤의 지름이나 순장수도 10분의 1로 줄여서 보는 게 타당할 것으로 손영건은 적고 있다. 이럴 경우 여왕의 무덤은 지름이 10보(약

14m), 순장수는 10명 내외가 된다.

그런데 이 추정 치수에 맞는 무덤이 있는 곳으로 보이는 데가 규슈 이도시마시의 히라바루 유적이다. 이 유적에는 동서에 무덤이 있다.

서쪽 무덤의 크기와 꼴은 긴 네모이고 동서 17m, 남북 12m이고 도랑을 두르고 있다. 통나무 널이 있다. 여기서 우선 무덤 꼴이 네모난데 주목한다. 미찌 이주민 모노노베씨네 무덤들이 네모나듯이 미찌의 마한에서도 3, 4C 당의 무덤 꼴은 주로 네모나고 도랑을 두르고 있다.[6]

> 유품 : 백동경 42면, 민 고리칼 1점, 잔칼 1점, 유리 곱은 옥 3개, 호박 구슬 약 1,000개, 마노 대롱 12개, 유리 대롱 옥 귀걸이, 목걸이 등 숱한 유품이 나왔다. 여왕이나 지닐 귀걸이가 나오고, 해를 모셔받든 히미꼬 여황의 취향에 맞는 거울이 수십 개 나오고 있다. 더구나 이 무덤은 소네 언덕에 있고 무덤터에는 기둥 구명이 둘러있고 휴가 언덕을 바라보며 마치 태양 숭배 예식을 연상시킨단다.

히미꼬는 그 이름 맞다나 해를 받드는 무리를 뜻하는 히밋에서 온 넹그리/무당인데 위지에 적힌 히미꼬의 무덤에 걸맞은 모습을 이 무덤은 갖추고 있다. 한편 동쪽 무덤은 그 치수가 동서 13m, 남북 8m이며 그 둘레에 16명의 순장이 있었다고 한다.

이렇듯이 하라바루 유적의 무덤은 위지의 여왕묘 기술에서 치수를 1/10로 줄일 때 걸맞는 무덤이며 숱한 구리거울, 구슬, 귀걸이, 목걸이가 유품으로 나왔고 태양 숭배 형태를 갖추었고 거울, 칼 구슬이라는 일본 왕실의 세 신기와 닮았음을 본다.

더구나 숱한 거울의 출토는 거울을 좋아한 여왕의 비품으로 해를 모시던 히밋 사람을 상징하는 듯하다.

무덤이 네모나고 순장을 한 것을 보면 이 여왕이 미찌 이주민임을 알 수 있는 것이다.

(3) 여왕 시대의 시말

위지 한전이 전하는바 공손강이 대방군의 태수로 있을 때 왜와 한이 복속했다는 글귀가 있다. 이때 한과 왜가 공식으로 조공했다는 뜻으로도 들린다. 그렇다면 왜왕 히미꼬 여왕은 이때 이미 사신을 위 나라의 대방군에 보냈다고도 할 수 있다. 그리고 여왕이 조공 사신을 대방 거쳐 위나라에 보낸 것은 서기 239년 일이다. 그 왜 사신은 서기 239년 3월에 대방군 거쳐 12월에 8살 난 새 황제를 만났고 히미꼬 여왕을 "친위 왜왕"이라며 금인을 하사하고 아울러 100매의 구리거울도 하사받은 것이다.

서기 240년에는 위 나라가 대방을 거쳐 초서와 인수를 '왜왕'에게 배가했다고 한다. 그런데 중국 사신은 이도국에 있는 '왜왕'만 만나고 여왕은 보지 못했다고 한다. 위서 왜인전은 적기를 여왕은 오로지 귀도를 섬기며 뭇사람을 혹한다. 남동생이 있어 나랏일을 돕는다. 그녀를 본 이는 드물고 천 명의 여인이 시중들며 다만 남자 한 명이 음식을 마련한다고 적고 있다.

이렇듯이 여왕은 귀도에만 전념하며 모든 정사는 이도국에 있는 남동생 나스미가 맡고 있었다.

이 나스미가 이도나라의 임금이자 이다수루이며 나라의 뭇사람이 두려워하는 권력자이던 것이다. 유주자사와 같은 존재였다고 한다.

그 나스미 왕에게 서기 245년에 위나라는 황당(장군기화 초서 및 격문을 대방으로 보냈다고 한다. 이 초서는 서기 247년에야 나스미 왕에게 전달된다.

서기 246년에 미찌 고이왕이 대방군으로 쳐들어가서 전사 한 일이 벌어졌던 것이다. 그래서 서기 247년에서야 위 초서와 하사품이 나스미 왕에게 전달이 됐다. 이 초소 전달 기사 끝에 "이로써 히미꼬 여왕이 죽었다"고 왜인전은 전한다.

그리고는 서기 247년에 남왕이 섰으나 나라 사람이 불복해 서로 죽이기를 천여 명이라고 왜인전은 전한다. 이 해에 13살 난 조카 딸 이요를 여왕으로 세우자 나라가 가라앉았다고 했다.

도대체 무슨 일이 벌어졌던 것일까?

서기 245년 초서에는 격문이 들어 있었다고 하므로 그 전에 히미꼬 여왕 나라와 히미구꼬의 나라 사이에 전쟁이 일어났을 것이라고 한다.

이 두 사이는 처음부터 불화였다고 한다. 히미꼬 여왕은 호강을 누리는데 그 종갓집인 히미구꼬의 나라는 두메에 있어 어려웠길래 불화가 있었던 것으로 보인다. 더구나 이 분쟁 소식을 들은 위나라는 칙서를 보냈으나 이때 246년에 고이왕이 대방을 침공하는 긴박한 상황이 벌어지고 대방 태수와 고이왕도 전사하는 바람에 245년발 칙서가 247년에야 야마또로 전달된 것이었다.

그런데 히미꼬와 히미구꼬 사이의 전쟁이 끝난 직후 이도국의 국왕 나스가 야마또의 왕으로 들어서자 나라안에 분쟁이 생겨 천여 명이 죽었다고 한다.

그렇다면 나스미 왕이 누나 히미꼬가 죽은 뒤에 야마또의 국왕이 된 것으로 보이며 국중에 난리가 나서 천여 명이 죽었던 것으로 보인다.

한편 전쟁에 진 히미구꼬의 구나나라 사람들은 규슈 서해안 구마모도

현 다마나 시 일대로 물러가 살았던 것으로 보인다.

다마나는 다마라와 통하며 미찌 이주민이 즐겨 쓰던 지명이 아닌가. 더구나 서기 458년이 되면 이 다마나 사람들은 백제에서 왕족 여기리를 확기로 모셔온 것을 보면 이들은 미찌 이주민임이 틀림없는 것이다.

야마또 국왕이 된 나스미는 이후 곧 죽었는지 이요라는 히미꼬 여왕의 조카딸이 여왕자리에 오르자 나라는 안정을 되찾았다고 한다.

몇 해 안 가서 야마또는 역사에서 사라진다.[7]

그 뒤 야마또 나라 사람 일부는 동쪽으로 이주해 갔고 그 일부가 혼슈 시끼 고을로 가서 살게 된 겨레가 모노노베 씨족이던 것이다.

맺는 글

히미꼬 여왕은 그 이름에서 진왕의 나라의 마한 히미 태생으로 봤다. 그는 북규슈에 살던 미찌 이주민이 세운 나라의 여왕으로 가서 서른 고을 나라를 거느리는 야마또 나라를 다스렸다.

왕도는 나국 현재 가스까시이다. 그 서쪽에는 이도 나라가 있고 여왕의 아우 나스미가 야마또의 이다수루로서 야마또의 정치를 도맡고 있었다.

여왕은 귀도에만 전념하고 아우가 나라일을 도맡았던 것이다.

호사다마 나스미 왕은 위나라의 사주를 받았는지 누나를 죽게 하고 야마또의 나라의 임금이 됐으나 내란 끝에 죽고 13살 된 히미꼬의 조카 딸이 여왕으로 선 뒤 야마또는 몇 해 더 지내다가 사라졌다.

우리 보기에 3세기 당시 한반도 남해안과 북규슈 일대에는 미찌 이주민들이 한·중·일 무역으로 번영하면서 연합국을 각각 세웠으나 느슨한 연합국가이어서 둘 다 오래 못 간 것으로 보인다.

이 야마도 나라를 거느리던 상층 사람은 미찌 이주민임을 알 수 있었다. 이 야마또 나라 사람들은 그 일부는 모노노베 씨족으로 4세기 초에는 혼슈로 이주해 가서 나라현 시끼에서 새로운 삶터를 마련하고, 이곳에 4세기 말에 백제 고마 확기가 대왜를 세우는 기초를 마련했던 것이다.

모노노베씨의 동방 이주[8]

4세기 초에 모노노베씨족이 규슈에서 혼슈 복판으로 이주해 갔을 당시의 정황은 이렇다. 북규슈에 있던 미찌 이주민이 주동이 되어 마한 히미에서 뎅그리/天君 무당을 모셔다 야마또 라는 나라를 세운 것은 3세기 초였다. 북규슈에 있던 가라 선주민과 더불어 미찌 이주민은 서로 힘을 아울러 히미꼬 여왕이 다스리는 나라를 세운 것이다.

서기 204년에 생긴 대방군에 몇 해 뒤에 사신을 보낸 뒤 서기 233년에는 진왕에게도 왜는 사신을 보냈다. 서기 239년에 새로 선 위나라에는 축하 사절을 히미꼬 여왕은 보냈고 크게 환대를 받는다.

그러나 어찌 된 일인지 서기 247년에는 위나라가 칙서와 당기를 이도나라에 있는 여왕의 아우 나스미에게 보낸다. 그 직후 여왕은 죽고, 나스미가 야마또 임금이 됐으나 국내가 소란해지고 히미꼬의 조카딸 이여가 여왕이 되면서 나라가 안정됐다고 한다.

그 동안에 히미꼬 여왕의 나라와 그 종가이던 히미구꼬의 구나 나라 사이에 분쟁이 있었던 것이다. 이 구나는 야마또에 전쟁에서 지고 구마모도현 다마나시 일대로 물러났다. 그러나 그 뒤 야마또는 서진에도 사절을 보낸 다음에 얼마 안 돼 사라진다. 이런 불안한 정황 속에 북규슈에서 살던 모노노베 씨족은 혼슈로 이동했던 것이다.

이들의 이주 역사를 적은 책이 구사본기이다. 이들은 4C 초에 나라현 사꾸라이 시와 덴리시 일대로 가서 눌러 살게 된 것을 이 시끼 지방에서 나오는 유물들은 알려 준다. 시끼는 백제말로 왕성을 뜻하기도 한다.

이곳 시끼에는 이미 전부터 이곳에 와서 살던 가라 선주민이 있었다. 이들과 더불어 이주민 모노노베 씨족은 이곳에서 사이좋게 살면서 그들 나라를 차렸던 것이다.

한반도에서 2600년 전부터 일본 여도로 건너간 선주민은 600년 만에 혼슈 북쪽까지 퍼져 살게 됐다고 한다.

한반도에서와 마찬가지로 왜 땅에서는 선주민이 한반도에서 지키던 믿음 풍속이 새로 들어온 미찌 이주민의 소마리 믿음과 더불어 이들을 하나로 아울렀던 것이다.

가령 미찌의 검단 풍속은 왜 땅에서는 이와꾸라가 되면서 바위에 신령을 모시게 된 것이다.

소도에 큰 나무를 세우고 종과 북을 달고 하늘의 신령과 서로 트는 풍습은 왜 땅에서는 신사 배전 앞 처마에 동아줄을 팔고 종을 달고 천신을 맞이하기도 한다.

한반도에서 왜 땅으로 건너간 사람들이 고향에서 지니던 믿음을 그대로 지키고 있는 것이다.

그런가 하면 여러 신사 어귀에는 우두牛頭 천왕이라는 글을 새긴 돌기둥이 서 있는 것을 본다. 소마리를 이두로 적은 것이며 일본 서기에서는 스사노오 신령이 이 소마리에 내려왔다는 글이 있는데 이 신령을 이들 신사는 모시고 있던 것이다.

불교에도 우두 천왕이라는 수호신이 있는데 이 두 우두천왕 믿음이 습합되면서 이 우두 천왕을 기리는 축제가 교또 기온 마쓰리라고 하는데 이제는 세계 문화유산으로 공인되고 있다.

터줏대감

터줏대감은 텃세를 부리는 이를 가리키는 말로 오늘날 쓰이고 있다. 그러나 옛적에는 지신을 뜻했다. 주는 터를 뜻하는 백제 말, 대는 대가리에서 보듯이 머리를 뜻하고, 감은 신령을 뜻하던 옛말이다. 우리가 사는 터에서 우리를 지켜준다는 신령이 터줏대감이었다.

그런데 이 말이 일본서기에는 도중귀道中貴 또는 도주귀道主貴라고 적고 지누시노 무찌라고 읽는다. 그런데 이 귀貴와 땅귀신 기祇는 중고음이 다 "기"이다. 땅귀신 곧 지신을 道主祇 대신 道主貴로 이두표기한 것이다.

중中이나 주主는 다 백제말 "주"로 터를 뜻하던 이두 표기이던 것이다.

왜와 백제를 오가던 뱃 사람이 오끼노시마라는 섬에 있다는 이들 여신에게 해상 안전을 빌던 섬이란다. 부산과 규슈 중간에 있는 이 섬에 있다는 터줏대감인 세 여신을 무나가다 신사에서는 오늘날까지도 해마다 제사를 지내고 있다. 이 제사가 세계 문화유산으로 공인된 것은 몇 해 전 일이다.

똑같은 해상 안전을 빌던 부안 죽망동 유적을 아는 사람은 많지 않다.

이렇듯이 우리나라 옛 믿음 풍속이 왜 땅으로 건너가서는 아직도 이어지고 있다.

소시모리와 구시후루

도표 1. 천신 계보

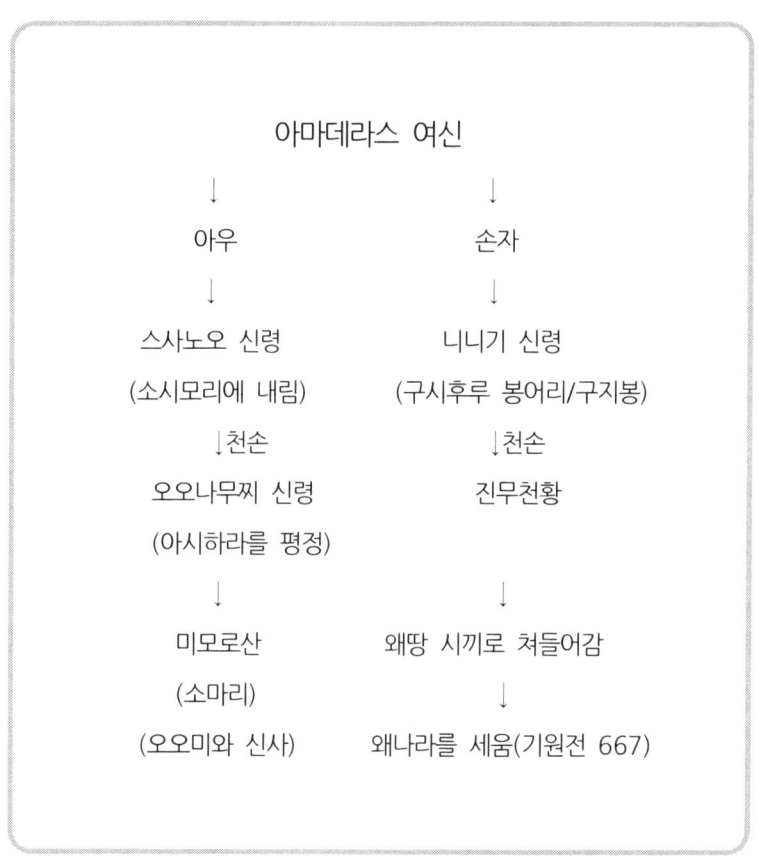

일본서기 신대기를 보면 천신과 천손 이야기로 차 있다.

그 가운데 두 천손과 이들이 하늘에서 내려온 산인 소시모리와 구시후루가 우리 주목을 끈다. 두 강림 기사의 줄거리가 두 백제 왕족의 왜땅 정복 이야기를 닮았기 때문이다. 우선 스사노오 천손의 강림 이야기를 본다.

스사노오 신령은 아마데라스 여신의 아우이다. 이 신령이 내려온 곳이 신라 소시모리란다. 이곳이 싫어서 왜땅 이스모로 건너갔단다. 이곳에서 낳은 천손이 오오나무찌/大己貴 신령이란다. 그리고 이 아시하라 땅을 다스리다가 하늘에 받치고 그는 미모로산/御諸山으로 물러갔다는 것이다.

이 이야기에서 우리는 놀라운 사실을 알게 됐다. 우선 소시모리/曾尸茂梨는 솟모리로 보면 소마리와 통한다. 소마리는 미찌 사람의 믿음이 아닌가.

그리고는 이 신령의 행적이 왜왕지늡의 행적과 빼닮은 것이다. 뒤에 자세히 다루지만 왜왕지는 백제가 가야 평정을 할 때 수군을 이끌고 이바지한 공로로 칠지도를 하사받은 임나가라의 고을님이던 것이다.

이 임나가라에 소마리가 있던 것이다.

왜왕지가 나라 분지의 시끼의 고을님이 됐듯이 오오나무찌는 아시하라를 평정했고 이 평정한 나라를 하늘에 마치듯이 시끼의 왜왕지는 일본 서기 진무 대목에는 니기하야히로 나오며 제 나라를 쳐들어온 진무 곧 오오진/호무다 와께에게 선양한 것인데 하늘에 바친 것으로 신대기는 적고 있는 것이다. 왜왕지는 일본 서기에는 수진 천황으로도 둔갑해 나오며 오오미와 신사를 짓는 동기를 마련했고 이 대목에서 수진/왜왕지를 모노노베씨의 선조라고 적고 있는 것이다.

이렇게 하늘에 바친 천하는 아마데라스 여신의 천손 니니기가 규슈의 구시후루 봉우리에 내려온 뒤 이곳에서 낳은 진무천황이 동전하여 왜 땅을 다시 차지하고 다스리게 됐다는 것이다.

그런데 이 구시후루는 구지봉/龜旨峯의 이두풀이 '구시부리'와 통한다. 우리 보기에는 백제 후왕 고마 확기가 고구려 침공 때 왜 땅으로 망명하면서 거쳐 간 김해의 구지봉/구시부리 곧 구시 후루를 본삼아 꾸민 이야기가 진무 동정 기사라는 것이다. 이 고마 확기가 동진하여 왜왕지로부터 나라를 물려받고 대왜를 세운 것이다.

이 왜왕지와 고마 확기 이야기는 다음에 더 자세히 알아보기로 한다.

기온 마쓰리

이 축제는 천년 고찰 기온 정사가 명치 시대에 야사까 신사로 바뀐 뒤에도 이곳 주최로 해마와 교토에서 열리며 세계 문화유산으로 공인되고 있다.

그런데 이 축제의 주인공인 우두천왕이 불교 수호신의 이름인 동시에 미찌의 소마리이던 것이다. 소마리는 牛頭로도 적히면서 불교의 우두 천왕과 습합된 것이다. 많은 신사에서 스사노오 신령을 우두 천왕으로 모시고 있기도 하다. 소마리 믿음이 일본에서 아직도 살아 있는 것이다.

지누시노미찌 / 地主貴

일본 서기 신대기에는 지누시노가미라는 세 여신이 오끼노시마 섬에 내려왔다고 한다. 이 세 여신을 모시는 제사가 천 년 이상 무나가다 신사에서 이어지고 있고 이 역시 세계 문화유산으로 공인되고 있다.

그런데 알고 보니 지중귀地中貴를 이두풀이 하면 터줏대감이던 것이다.

백제말로 중中은 '주'라는 터를 뜻하는 말이다 귀貴는 그 중고음이 터 줏대감인 기祇와 같은 것이다. 도중귀를 道中貴라고도 적는데 주술 백제 말로 터를 뜻한다.

이 두 한자 말이 터줏대감을 뜻하는 것이다.

세 여신은 부산과 규슈 사이에 있는 오끼노시마 섬의 터줏대감이었던 것이다.

그 섬 앞을 지나는 백제와 왜의 뱃 사람이 해상 안전을 빌던 터줏대감이던 것이다.

이렇듯이 미찌나 백제의 소마리 믿음이 여러 가지 모습으로 오늘날까지도 일본 땅에 남아 있는 것이다.

4장

1 김영덕 : 소미리와 이소마리, 유튜브 강연, 2024. 4. 26.
2 오오바 이와오 : 고 씨족의 연구 나가이 출판, 1975, p. 18(일어).
3 김영덕 : 미찌/미추홀의 역사, 바히네 출판, 2020, 124쪽.
4 김사엽 : 기기와 만요슈의 조선말, 六興 출판, p. 35(일어).
5 데라사와 가오루 : 왕권의 탄생, 강담사, 2008, p. 31(일어).
6 편집 : 이도국 왕도를 찾다, 이도시마의 역사 박물관, 평성 30년, p. 20(일어).
7 전영건 : 야마또북의 진해결, 언시사, 2018, p. 223(일어).
8 김영덕 : 모노노베 씨의 유래, 유튜브 강연, 2024. 1. 26.

2부. 가나다라 시대

- **5장** 근초고왕
- **6장** 가야 왕국들
- **7장** 전지왕
- **8장** 개로대왕

2부.
가나다라 시대

　여기서는 백제 여씨 왕조가 가나다라/漢山 곧 하남시에 왕도를 차린 서기 371년 전후에서 왜나라에 세 후왕을 둔 개로왕 시대 곧 서기 475년까지 백제의 역사를 살핀다. 이 동안 서기 369년에서 서기 400년까지는 마한과 변한을 거느리는 강성한 나라였다.
　가나다라는 왜나라에서 구다라로 바뀌면서 백제를 뜻하는 일본말이 됐다.
　개로 대왕때에는 왜나라 고/교다 일대에 다무로를 두었고 왜왕흥/유라꾸를 대왕휘 좌현왕으로 두었고 규슈 다마나시 일대에도 왕족 여기리를 우현왕으로 책봉하며 거느리는 시대였다.
　당시 백제 왕도는 가나다고/漢山 곧 하남시였고 이 말이 구다라로 줄어서 일본말로 백제를 가르키는 말이 됐다. 이 왕도는 가나구루/漢城라고도 부르며 현재 하남시의 고골이라는 지명으로 남아있기도 하다.

5장

근초고왕(346~375)

서기 346년에 근초고왕이 백제 임금이 됐다. 그리고 이 해는 백제가 미찌를 무찌르고 일어선 해이기도 하다.

그동안에 미찌는 그 세니찌/우두머리 고이가 진왕이었고 마한 쉰 넷 나라와 변한 열두 나라를 거느리는 나라였다. 인천에서 서울 우리구루/위례성으로 천도한 것은 서기 246년이며, 그 뒤로는 서울 우리구루에서 서기 346년까지 건재했다.

그런데 서기 346년에 정변이 일어났던 것이다. 연나라 모용씨한테 부여는 큰 타격을 입고 멸망의 길에 들어섰고 그 장수 모꾸라 곤시가[1] 일당을 데리고 부여에서 백제로 망명해 온 것이다.

김해 대성동 고분 88호에서 나온 유품으로 봐서 모꾸라 장수가 이곳에 묻혔고 가야 평정을 이룬 백제 총사령관이자 이곳 김해의 백제 다무로에서 확기로 있다가 이곳에 묻힌 것을 알 수 있었던 것이다.

이 무덤에서 나온 부여산 금동 띠 꾸미개로 봐서 모꾸라 장수는 부여 출신임이 밝혀진 것이다. 모꾸라 장수의 망명 일행에는 백제 사람도 있었던가 아니면 그곳에 있던 유민한테서 백제와 미찌의 사정을 듣고 왔던 것으로 보인다.

미찌 고이왕은 사돈인 공손씨 정권의 요청으로 백제 출신 원군을 보냈던 것으로 짐작된다. 공손씨 정권 앞으로 보내진 백제군은 서기 238년에 공손씨 왕권이 위 나라 차지가 된 뒤에 귀국 길이 막혀 그곳에 눌러살다가 연나라 모용씨에게 잡혀가기도 하며 살아남은 듯하다.

서기 342년 진나라 모용황전에서 백제 사람 이야기가 나오는 것이 이곳 부여 땅에 백제 사람이 있었다는 증거인 것이다.

서기 346년 이전에는 백제는 미찌가 거느리는 작은 나라였던 것이며 백제가 스스로 요서 땅에 갈수 있는 처지가 아니었다. 아마도 이들 백제 유민한테서 미찌나 백제의 정치 상황을 들었을 모꾸라 장수는 백제로 망명한 뒤 미찌를 치는 데 앞장 섰던 것이다.

그리고는 미찌가 거느리던 나라를 백제는 무력으로 하나씩 차지해 나갔던 것이다. 삼국사기는 어떻게 백제가 마한의 작은 나라에서 큰 나라로 바뀌었는지 영토 확장 문제는 한마디도 없다. 다만 즉위 21년(서기 367년)에 신라에 사신을 보냈다고 한다. 당시에 석씨 왕조의 국호는 "사로"였음에도 서기 503년에야 제정된 신라라는 나라 이름을 썼을까 생각하게 된다. 그리고는 재위 24년 가을 9월에 고구려군 2만이 쳐들어와서 치양에서 백제가 크게 부셨다고 적고 있다.

일본서기를 보면 진구 46년(서기 364년) 대목에서 시마 수꾸네를 탁순(현 성주)으로 보내서 그곳에서 만난 임금이 가로되 "갑자년(서기 364년) 7월 중순에 백제 사람이 와서 동방에 일본 나라가 있다는데 길을 몰라 못 간다."기에 왜는 하인 니하야를 백제로 보내자 백제 근초고왕은 매우 기뻐하며 비단 등 하사품을 보냈다고 적고 있다.

그리고는 진구 49년(서기 367년) 대목에서 아라다 와께와 가가 와께를 장군으로 삼고 신라 정벌에 나섰다고 한다. 이때 모꾸라 곤시 장수와 더불어 신라를 정벌토록 했다는 것이다. 놀랍게도 평정한 나라는 가야 일곱 나라 곧 히시호, 아랫가라, 도꾸나라, 다라, 아라, 도꾸준, 가라를 평정했다고 한다.

신라 아닌 가라 나라들을 평정한 것이다. 그리고는 서쪽으로 가서 고게쓰(古奚津) 나라에 이르러 침미다례(枕彌多禮)를 무찔러 백제에게 주었다고 적고 있다. 고계쓰는 현재 화개나루터다. 그리고 침미다례는 섬진강 하구에 있는 섬진나루가에 있는 현 광양이다.[2]

그리고는 백제 초고왕과 구수왕자가 병사를 이끌고 내려왔다. 이렇게 해서 백제왕 부자는 아라다 와께와 모꾸라 곤시와 더불어 오루 마을에서 만나 서로 기뻐했다.

윗글에서 여러 가지 놀라운 사실을 알 수 있다.

첫째로 이 글은 백제 장수 모꾸라 곤시와 임나가라 왜왕지늡가 이룩한 합동 작전이라는 것이다. 이 글만 봐서는 알 수 없으나 일본서기에서 이 글 뒤에 나오는 백제기를 통해 모꾸라 곤시 장수는 백제 평정군의 총지휘관이었던 것을 알 수 있던 것이다.

그리고 아라다 와께는 임나가라의 왜왕지의 별명이며 수군을 대며 평정에 협조했던 것이다. 왜왕지는 임나가라라는 백제 다무로에 확기/후왕으로 책봉되고 있으며, 진무 대목에서는 니기하야히라는 가명으로 나오며 수진 대목에서는 미마기이리 히꼬로 곧 수진천황 자신으로 나오고 있는 것이다.

둘째로 평정된 나라들은 히시호가 창원, 도꾸 나라가 영산, 아랫가라가 김해, 도꾸쥰 나라가 성주, 가라가 고령, 다라가 합천, 아라가 함안에 있던 나라임을 밝힌 바 있다. 또한 고계진은 중고음으로 이두풀이 하면 화개이며 침미다례[3]는 현재 섬진강 하구의 섬진나루 옆 신미나라는 현 광양에 있던 나라이며 도륙당했던 것이다.[4]

이 가야 평정과 전라 지방을 다 차지하며 백제는 이제 미찌의 옛 영토 곧 마한과 변한 땅을 거느리는 큰 나라로 피어난 것이다. 이들 새로 차지한 고을에 백제는 다무로를 차리고 확기 곧 후왕으로 종친을 책봉했던 것이다.

백제는 이미 서기 360년대에 고리가리 곧 함창까지 다무로를 두고 확기를 책봉한 것을 이나리야나 칼글에서 알 수 있었던 것이다.

이나리야마 고분은 동경 북쪽 56km에 있는 교다시의 고분이며 1960년대에 발굴하여 이 쇠칼이 나온 것이다. 이 칼에는 115자의 한자가 새겨 있고 교다시 일대를 거느리던 고확기가 조상과 그들이 섬긴 개로대왕을 기리는 글이던 것이다.

辛亥年七月中記乎獲居臣上祖名意富比垝

其兒多加利足尼其兒名互已加利獲居

其 兒名多加披次獲居其兒名多沙鬼獲居

其兒名半互比

其兒名加差披余其兒名乎獲居臣世世爲杖刀人

首奉事來至今獲加多支鹵大王寺在

斯鬼宮時吾左治天下令作此百練利刀記吾奉事根原也.

이 칼글에서 다가리의 다多는 명名을 잘못 새긴 글자이다.

이 칼글은 고리가리 확기, 다가하시 확기, 다사기 확기가 조상이며 꼬까 개로 대왕을 섬기던 집안임을 알려 준다. 다사기는 현 하동이며 이곳에서 서기 396년에 이 집안은 고구려 침공을 피해 고마확기 집안과 더불어 왜땅으로 망명한 것이다.

이 선조 이름에서 다가히시는 영산과 창녕을 가리키는 가야 평정에 나오는 두 나라 이름이던 것이다. 서기 396년 고구려군의 침입 소식에 고마 확기 집안과 함께 이곳을 떠났으므로 두 세대 앞 고리가리 확기는 서기 360년대 이름이던 것이다. 곧 백제는 서기 360년대에 경북 함창까지 영토를 넓히고 다무로를 이곳에 두었던 것이다. 그리고 이곳 함창에 있던 백제 확기는 임나가라 사람과 탁순 곧 성주에 모여 가야 평정을 꾀했던 것이다.

임나가라는 배를 준비했고 길라잡이 구실을 했을 것이며 왜왕지가 이 수군의 장수였던 것이다.

이 가야 평정과 전라 지방의 자연 항복에서 백제는 이제 마한과 변한을 거느리는 거대한 나라로 우뚝 선 것이다. 이때 서기 369년에 차지한 가야 일곱 나라와 전라 각지의 영지에는 다무로를 차리고 확기 곧 후왕을 책봉했던 것이다.

모꾸라 곤시 장수는 가야 평정의 공로로 김해에 있는 이랫가라/南伽羅에 있는 다무로의 확기로 책봉됐다.

이것을 밝히는 글이 오오진 25년 대복에 인용된 백제기인 것이다. 한편 가야 평정에 이바지한 공로를 치하하면서 근초고왕은 왜왕지에 칠지도를 하사한다. 그런데 어찌 된 일인지 칠지도가 덴리시 이소노가미 신궁에 있는 것이다.

칠지도의 명문

앞면

泰 ○ 四月十六日丙午正陽造百練鋼七支刀生辟百兵

宣供供候王○○○○作

뒷면

先世以來未有此刀百慈王世○

奇生聖音故爲倭王旨造傳示後世

세世는 초肖와 그 고음이 같으며, 백제왕의 이름은 초고였던 것이다. 이 칠지도는 서기 372년에 하사됐으며 왜왕지는 서기 375년 전후에 영광된 확기 자리를 떠나 나라현 남단 일대에 있던 시끼 지방에 4C 초부터 살던 모노노베씨 고을의 임금으로 간 것이다. 서기 372년과 서기 382년 사이 어느 해에 왜왕지는 왜땅 시끼로 떠났던 것이다. 그가 떠난 까닭은 일본서기 신대기의 스사노오 신령의 강림 신화가 시사하는바 왜왕지는 평정된 동족이 매국노라고 비난을 쏟아부어 이곳에 살기 어려워 왜 땅 시끼의 고을님으로 갔던 것으로 짐작된다.

삼국사기는 서기 369년 겨울에 근초고왕은 태자와 더불어 3만의 대군의로 평양의 고구려군을 쳤고 사유왕이 흘러온 화살을 맞고 죽었다고 한다.

근초고왕 27년(371)에 왕도를 가나다라/漢山으로 옮겼다. 이에 따라 왕성도 외성도 새로 쌓고 소마리/숭산과 이소마리/이성산에서 검다라/검단도 새로 꾸미고 뎅그리/천군이 천신을 모시는 나라 굿도 철마다 마련했을 것이다. 그리고는 가나다라를 가로지르는 냇물도 세로 손보고 배가 오갈 수 있도록 했던 것이다.

서기 371년에 왕도를 가나다라/漢山으로 옮겼다.

근구수왕이 근초고왕을 이어 왕위에 오른 해는 서기 375년이다.

일본서기에는 근초고왕과 근구수왕은 각각 초고왕, 구수왕으로 나오며 칠지도에도 초고왕으로 나오며 "근"이라는 삼국사기 글자는 찬자가 더 붙인 것이다.

다음 임금은 침류왕이며 서기 384년에 즉위한 지 다음 해 서기 385년에 돌아갔다. 즉위 첫 해에 진나라에 사절을 보냈고 호승 마라난타가 왔고 다음 해에 우리나라의 첫 절을 가나다라/漢山에 지은 것이다. 실제로 가나다라에는 거대한 목탑의 초석이 두 개가 겹쳐 나오며 천왕사라는 명문이 적힌 기와도 나와서 이 절 이름이 천왕사였음을 알 수 있다.

천왕사 목탑 초석

진사왕

서기 385년에 즉위하자 여러 가지 큰 토목공사를 이루었다.

2년 봄에 15살 이상 나이 든 이를 징발해서 청목진에서 서해에 이르는 관방을 지었다.

7년 봄(391)에는 궁실을 손보고, 못과 뫼를 꾸미고 새와 꽃을 길렀다.

고 한라, 이 연못 터에 꾸민 바위 동산이 남한산 산자락에 서 있는 것을 우리가 찾아낸 바 이 바위 동산은 우리나라에서 처음으로 지은 바위 등산이며 그 역사 가치는 크다 하겠다.

바위동산

또한 9년(390)에는 벽골지라는[5] 우리나라에서는 처음으로 물광을 짓는 토목공사를 했고 농업 진흥에도 힘썼던 것이다.

삼국사기는 흘해 2년(330)에 지었다지만 이것은 분명한 오기이던 것이다.

그러나 8년 가을 7월(392)에 고구려 담덕왕은 4만 병력으로 북녘 10여 성을 빼앗아 갔다. 그러나 담덕왕이 용병에 능하다는 이야기를 듣고 출병도 않다가 이해 겨울 10월에는 관미성마저 고구려군에게 뺏겼는데 진사왕은 구원벌로 가서 사냥을 갔다가 11월에 돌아갔다고 삼국사기는 전하다. 그런데 일본서기를 보면 고마(공주)확기이던 진녜(오오진 천황) 대복을 보면, 고구려군의 침공에 제대로 대처하지 않고 사냥의 나날을 보내는 진사왕을 참다못해 가신을 보내 시해한 것으로 나온다. 그리고는 아신왕을 임금으로 모신 것으로 돼 있다.

아신왕(392~405)

삼국사기 아신왕 5년(396) 기사는 없다. 이 해에 광개토왕은 수륙 대군으로 백제로 쳐내려온 것이다. 꼼짝없이 성안을 침입군이 둘러싼 터에 아신왕은 영원히 노객이 될 것을 맹세했다고 광대토왕 비문은 전한다. 임금 아우와 대신 열명, 그리고 2천 명의 남녀가 사로잡혀 갔다고 한다.

그런데 이 난리 속에 고구려 수군이 금강을 거슬러 쳐들어온다는 소식을 들은 고마(공주)확기는 망설임 없이 피난길에 오른다. 진사왕이 고구려군과 싸우지 않고 사냥만 한다고 임금을 시해한 고마확기도 자신은 도피간 것이다.[6]

왜왕지[7]

앞에서 본 바 가야 평전에 이바지한 공로로 칠지도를 하사받은 임나가라의 왜왕지(旨)는 왜 왜왕일까?

임나가라나 이웃한 아랫가라/남가라 사람들도 위지에는 왜인으로 나온다. 그러나 이들은 미찌나 백제의 소머리 믿음을 지키던 미찌 이주민이던 것이다. 그러나 200년 넘게 헤어져 살아온 까닭에 백제 사람은 위지 저자와 마찬가지로 이들 미찌 이주민을 왜땅 규슈에 살던 미찌 이주민과 더불어 왜인으로 본 듯하다.

하여간에 백제 확기라는 영광을 누리기보다 동족 아랫가라 사람한테 매국노라는 비난에 왜왕지는 못 견뎠는지 모노노베 씨족이 거느리던 왜땅 시끼 나라의 임금 자리로 옮긴다. 왜왕지가 임나가라를 떠난 것은 서기 382년 이전이다. 이것을 알 수 있는 것은 진구 62년에 적힌 백제기이다 곧 "임오년(382)에 사찌 히꼬가 가라(고령)로 쳐들어가 나라가 풍지박산 됐다. 그리고 모꾸라 곤시가 이 나라를 되살렸다."고 적고 있다.

여기서 임오년이란 서기 382년이며 당시에 아랫가라 확기이던 모꾸라 곤시 장수가 가라를 되살렸다는 것이다. 짐작컨대 왜왕지가 떠난 임나라를 거쳐 사찌히꼬가 가라까지 쳐들어갈 것이므로 이 382년 이전에 왜왕지는 왜땅으로 건너간 것으로 보는 것이다.

곧 왜왕지는 서기 382년 이전에 왜땅 시끼로 건너가서 그곳에 살던 미찌 이주민 모노노베씨의 나라에서 당시 우두머리의 누이를 아내로 맞고 임금으로 지냈던 터였다.

왜왕지가 왜땅 시끼에 온 것은 아마도 서기 376년 즈음이었을 것이다. 시끼에 온 그는 그곳 우두머리 나스가스네 히꼬의 누이를 아내로 맞고 아들을 낳은 것이다. 이 아들이 스무살 즈음 되던 서기 396년에 고마확기가 이곳으로 쳐들어왔을 때 자기 처남을 죽였다고 일본서기가 전하는 기사에서 짐작되는 왜왕지의 도래 연도이다.

이곳 시끼에서 모노노베씨 나라의 임금이 된 왜왕지를 가리켜 일본 서기는 실명이 미미기이리 히꼬라고 적고 시호가 수진(崇神) 천황이라고 했다.

니마는 임의 옛말이고 "이리"는 왔다는 일본 말이고 보면 미마기 이리는 임나라에서 온 사람이라는 뜻인 것이다. 히꼬는 백제말로 선비 내지 어르신을 뜻한다. 그리고 그 시호는 수진(崇神) 천황이며 10대 천황이던 것이다.

수진 5년(약 380년) 대목을 보면 이곳 시끼 지방에는 염병이 돌았다고 한다. 그래서 아마데라스 여신을 검단에 모시고 빌었으나 염병이 여전해 다시 점을 쳐 보니 오오모노/다무로 신령을 모시고 빌어야 한다는 것이었다.

아니나 다를까 모노노베씨 어르신인 오오다 다네꼬를 제주로 하고 제사를 하니 온 나라가 편온해졌다고 한다. 이 제사를 드린 곳에 세운 신사가 오오미와 신사라고 한다. 이 신사 뒷 동산 바위 검단에 오오모노(大物)신령을 모시고 있는데 오오모노(大物)은 이두로 다무로이다. 다무로는 미찌 이주민이 즐겨쓰던 지명이고 보면 다무로 신령은 이곳 터줏대감이던 것이다.

사실 이 다무로 신령을 모시는 산 이름도 미모로야마/御諸山인데 그 이두풀이는 소마리이며 이 신사에서 미찌 이주민은 미찌의 옛 믿음을 고스란히 지키고 있는 것이다. 이 시끼에 서기 396년에 고마확기가 이끄는 망명인들이 쳐들어 온 것이다. 그리고 왜왕지가 이들에게 나라를 선양한 것이다.

대왜가 서다

고구려군 침공 소식에 놀란 백제 다무로 고마(공주)의 고마확기[8]는 서둘러 집안사람과 가족을 이끌고 황급히 하동으로 달려갔다. 하동은 당시 다사기라고 했고 이곳에도 백제 다무로가 있었고 이 집안 역시 진씨 집안인 듯 두 확기는 일가였던 것 같다. 고마 확기는 다사기 확기에게 고구려군 침입 소식을 전하면서 이제 백제는 망할 것이라며 같이 왜땅으로 망명할 것을 다사기 확기에 권했던 것이다. 두 확기네 망명인 수는 줄잡아 200명은 됐을 것이고 이들을 태울 배도 스무 척 이상 됐을 것으로 예상된다.

이들은 구시부리/구지봉이 있는 김해를 거쳐 규슈에 이른 것을 일본서기 신대기의 니기하야히 신령의 강림 설화는 시사한다.

규슈에 이르러 이들 보기에 이곳에 살기는 힘들어 보인 듯 했다. 이곳에서 만난 노인 말로 동방에 푸르른 산을 울타리로 한 좋은 땅이 있어 나라를 세울 만한 곳이 있다고 들었다는 이야기를 한 노인에게 듣고 두 확기 집안은 세도 안 바다로 떠났다.

마침 길라잡이도 있어 여러 날 걸려 오사까만 물굽이에 이른 것은 396년 이른 가을이었다. 일본서기는 이 해를 기원전 666년 일로 적고 있다. 이곳 시끼에 온 왜왕지를 니기하야히라는 이름으로 진무 대목에 나온다. 사실 시끼 지방에는 4C 초부터 모노노베 사람들이 와서 살기 시작한 것을 고고학 자료로 알수 있다. 이들은 야마또 나라가 망한 3C 말에 규슈를 떠나 세도 바다를 거쳐 시끼로 옮겨 온 것은 잘 알려진 사실이기도 하다. 세도 안 바다 요소마다 살던 모노노베 사람들 통해 시끼 사람들은 이들 침입자를 알고 있었을 것이다.

하여간에 규슈를 떠난 고마확기 일행은 술오년 봄 2월에 나니와(오사까) 나루에 이르렀다고 한다.

여름 4월에 고마확기 군은 이꼬마 산을 넘어 시끼로 쳐들어갔다. 이에 시끼의 나가스네 히꼬가 이끄는 방위군은 이들을 맞어 싸웠다. 병세와 지세에 불리한 확기 침입군은 물러나서 기이 반도를 애돌아 구마노를 거쳐 동쪽에서 시끼로 다시 쳐들어간 것은 11월이었다. 나가스네 히꼬군과 확기군이 대치하면서 서로 성명을 밝히면서 침입군의 고마확기가 천손이라고 밝히자 이것을 알게 된 니기하야히 곧 왜왕지는 처남인 나가스네 히꼬를 죽이고 제 나라를 확기군에게 선양하게 된다.

아마도 니기하야히는 그가 섬기던 백제의 은혜를 나라 선양으로 갚은 것이겠다. 이렇게 해서 고마 확기는 새로 나라를 이곳에 세우고 "대왜"가 서게 된 것은 서기 397년 1월 1일이던 것이다. 이 진무 천황을 가리켜 처음으로 천하를 다스린 천황이라고 진무 대목에서 적고 있다. 대왜를 세운 진무는 실제로는 고마확기이며 진무천황으로 둔갑된 것이다. 사실은 16대 오오진 천황의 실명이 호무다 와께라고 하므로 오오진 천황이 고마확기이던 것이다. 호무는 고마와 통하고 와께는 확기에서 ㅎ이 떨어진 것이고 이 두 인명은 같은 사람을 가리키던 것이다.

일본 서기에서 진무천황 이후 수진 천황 빼고는 열세 명이 다 가공 천황인 셈이다.

고마 확기의 침공 이야기가 진구, 수진, 진무 대목에서 아라다 와께, 미마기이리 히꼬, 니기하야히 라는 별명으로 나뉘어서 적힌 것이다.

다사기 확기

서기 396년에 고마확기 일행과 더불어 망명길에 오른 다사기 확기 일행은 규슈 거쳐 나니와까지는 동행하다가 이곳에서 헤어지고 동경만으로 갔다. 이런 사실을 밝혀 주는 고고학 자료가 이나리야마 칼 글이던 것이다.

동경 북쪽 56km에 있는 교다시의 이나리야마 고분에서 나온 쇠 칼에 앞뒤로 115자가 새겨져 있었다. 이 칼글을 이두로 풀이해 보니 이 칼을 만든 이는 고 확기로 옛 교다 일대를 다스리던 백제 확기였던 것이다.

서기 471년에 만든 이 칼 글에는 고확기의 조상 이름과 그들이 섬기던 임금이 개로 대왕임을 밝혀 주고 있는 것이다. 그 가운데 3, 4, 5대 선조는 고리가리 확기, 다가히시 확기, 다사기 확기였던 것이다.

여기서 고리가리는 현 함장, 다가히시는 현 창녕·영산 그리고 다사기는 현 하동이던 것이다. 그리고 동경만에 이르러 아라가와 강변에 자리 잡은 곳은 하라고히(半互比)이며 고히는 가와의 옛말, 하라는 아라가 되어 현 아라가와 강병에 살게 된 것을 알 수 있었던 것이다.

곧 다사기 확기 일행은 서기 396년에 동경만에 흘러드는 아라가와 강변에 자리잡고 한동안 살았던 것이다. 이때 바라고히 조상에는 확기라는 칭호가 없는 것이다.

그 다음 선조는 가사히리로 이 역시 확기가 아니며 현 가사하라 일대에서 살다가 고확기 시대에는 현 교다시 일대로 와서 살면서 백제 확기로 다시 책봉된 것이다. 관동 평야에 백제 다무로가 서기 471년에 있었다는 기막힌 고고학 자료가 이나리야마 칼 글이던 것이다. 이 집안 일부는 동경만 꿀구비 동쪽 물가 따라 퍼져 살았던 것도 여러 고분 발굴이

다짐되고 있다.

辛亥年七月中記乎獲居亘上祖名意富比垝

其兒多加利足尼其兒名乇已加利獲居

其　兒名多加披次獲居其兒名多沙鬼獲居

其兒名半乇比

其兒名加差披余其兒名乎獲居亘世世爲杖刀人

首奉事來至今獲加多支鹵大王寺在

斯鬼宮時吾左治天下令作此百練利刀記吾奉事根原也.

이 이나리야마 칼글이야말로 개로개왕 때 관동지방에 백제 다무로가 있었다는 확고한 고고학 자료인 것이다. 이 칼글에는 개로대왕의 존칭으로 꼬까獲加라는 말이 있어 위지 한전의 진왕대복의 혹가/或加와 마찬가지로 꼬까이며 최고를 뜻함을 알려 준다.

아신왕(392-405)

서기 396년 고구려군의 수륙 양면 작전에 무릎을 꿇은 직후 백제는 한동안 빈사 상태가 됐다. 온 나라에 둔 다무로들이 멋대로 굴기 시작한 것이다. 가야 지방에 있던 임나가라며 아랫가라며 아라 다무로에 있던 확기들은 분통한 나머지 신라로 쳐들어갔다.

그동안 신라는 담덕왕이 서기 391년에 즉위하자마자 실성왕자를 볼모로 보내면서 고구려에 복속했던 것이다.

한편 백제는 볼모는커녕 전쟁을 불사했으나 서기 396년에 백제왕은 급기야는 고구려한테 영원히 복속할 것을 임금이 맹세했던 것이다. 이 안타까운 소식으로 남쪽에 있던 다무로 확기들은 신라에 분풀이로 나선 것이었다.

이들은 여러 신라성을 빼앗고 아라는 술병을 보내 지키게 했던 것으로 보인다. 다급한 신라는 고구려에 원군을 요청한다. 그 결과로 고구려는 4만 기마군을 신라 원군으로 보냈다고 광개토왕비는 전한다.

우리가 주목하는 것은 이 비문에서 "왜"란 임나가라나 아랫가라 또는 대마도에 있던 미찌 이주민을 가리킨다고 보는 것이다. 위지도 백제 본기도 이들 미찌 이주민을 왜로 부르고 있으며 고구려도 마찬가지라는 것이다.

가령 광개토왕 비문 신묘년(391) 기사는 "서기 391년에 왜/임나가라가 바다 건너로 쳐들어 와서 □□□ (그 종주국인) 백제가 신라를 신민으로 삼으려 하였다."고 적고 있는 것이다.

사실 왜/임나가라 등이 바다로 건너와서 신라를 친 것은 삼국사기의 내물 38년(393) 대목에서 "왜"가 바다로 배 타고 와서 금성을 에워쌌으나 물러갔다는 내용과 부합한다. 그리고 이들 왜(임나가라 등)는 백제 다무로였기에 백제가 신라를 복속시키려 했다는 비문도 이해가 되는 것이다. 그동안 많은 시비가 있던 이 신묘년 비문은 합리적으로 풀이가 되는 것이다. 병신년(396) 기사에서는 백제와 왜(아랫가라 등)가 신라를 치고 신민으로 삼기에 종주국인 고구려의 왕이 몸소 수륙군을 이끌고 백제군을 쳤고 58구루와 700마을을 무찔렀다.... 백제왕은 궁핍한 나머지 남녀 생구 천 명과 세필 천필을 바치며 이후 영원히 노객이 될 것을 맹세했다.

곧 391년에 속국인 신라를 백제의 아랫가라와 임나가라가 쳤기에 396년에 고구려가 백제를 수륙양면으로 쳐들어 갔다는 것이다. 그리고 경자년(400년) 글은, "백제가 맹세를 어기고 왜와 더불어 신라로 쳐들어와서 구루/성과 못을 마구 부수었기에 서기 400년에 고구려 기마군 5만이 신라를 구하려 와서 신라성에 쳐들어가자 이곳에 가득하던 왜인이 물러나서 임나가라 소바라기까지 급습했다."는 것이다.

짐작컨대 아신왕의 항복 소식을 들은 아랫가라나 임나가라에 있던 백제 다무로 사람들은 분풀이로 신라로 쳐들어가서 신라성을 뺏기도 하고 물광인 못을 부수기도 하고 분풀이를 했던 것이다.

신라는 종주국인 고구려에 구원을 요청했고 고구려 5만 기마군이 신라 구원에 달려 온 것이다.

이 글에서 "왜"란 백제 다무로이던 아랫가라/남가라나 임나가라에 있던 미찌 이주민을 가리키던 것이다. 서기 370년대에 차지한 미찌의 옛 땅이던 아랫가라에는 모꾸라 곤시 장수와 아들 모꾸라 마찌가 확기로 있었으며 백제 패망 소식에 분통한 나머지 분풀이로 신라로 군사를 몰고 쳐들어 간 것이다.

아마도 임나가라도 당시에는 백제 다무로로서 백제 사람이었고 다무로의 미찌 이주민들은 신라로 몰려 들어가서 행패를 부렸던 것이다.

이렇듯이 서기 396년 직후 백제는 힘을 잃고 남쪽 아랫가라나 임나가라의 확기들은 멋대로 놀기 시작한 것이다.

서기 400년에 신라 구원에 왔던 고구려군이 철수하자 백제 다무로 군인들은 신라를 다시 괴롭히기 시작한 결과 신라 실성왕은 서기 402년 선왕의 왕자를 볼모로 내주며 침입한 다무로 군인과 강화를 했던 것이다.

　이 볼모는 16년 동안 풍도 곧 대마도에 잡혀 있다가 눌지 2년(418)이 돼서야 데마로/박제상이 구출됐다.

　그 뒤 서기 400년 이후 가야 지방의 모든 백제 다무로는 독립 왕국으로 거듭난 것이다.

5장

1 김영덕 : 다시 본 모꾸라 곤시 장수, 유튜브 강연, 2024. 3. 2.
2 고계쓰(γu-kie)는 그 이두풀이가 후게이며, 화개로 바뀐 것이다.
3 침미(枕彌) 다례에서 침(枕)은 중고음이 섬진의 섬鰈(ziem)과 같으며 섬진 나루가 있는 광양이 원래 섬진/신미였던 것이다.
4 김영덕 : 가나다라 이턴 하남시, 바히네 출판, 2021, p. 48.
5 김영덕 : 벽골지, 유튜브 강연, 2023. 벽골지는 진사왕이 서기 390년에 지었다는 내용임.
6 김영덕 : 백제 다무로, 바히네 출판, 2017, 96쪽. 오오진 천황의 실명 "함무다 와께"로 바꾸어 나오고 있다.
7 김영덕 : 왜왕지, 유튜브 강연, 2022.
8 김영덕 : 백제 다무로, 바히네 출판, 2017, 96쪽.

6장
가야 왕국들

서기 396년 고구려 침공으로 빈사의 상태인 백제 왕권에서 벗어나 변한의 여러 다무로는 신라를 분풀이로 치면서, 중앙 왕권에서 벗어났다고 본다.

서기 400년 이후에 가야 지방에 있던 모든 백제 다무로는 독립왕국의 길로 들어선다.

오오(意富)가라 다무로는 대가야국으로 다라 다무로는 다라국으로 다가히시 다무로는 바사국으로, 아랫가라 다무로는 가나/金官국으로, 아라 다무로는 아라국으로, 도꾸준 다무로는 성산가야국으로 바뀐 것이다.

이제 이 일곱 왕국을 알아보기로 한다.[1]

1. 가나 나라(金官國)

김해에는 3C와 4C 전반까지 진왕 아래 구야狗耶라는 나라이었고 쇠 교역으로 강성한 나라가 됐다. 서기 370년에서 서기 420년대까지는 백제 다무로인 아랫가라(南加羅)로서 모꾸라 곤시 장수 부자가 확기로 있었다. 그 뒤 독립왕국으로 가나(=金官) 나라가 된 것이다.

일본서기 25년 대목에 적힌 백제기를 보면 "모꾸라 곤시 장수의 아들 모꾸라 마찌가 미마나에서 전권을 부렸고 백제로 돌아와서는 일본에 오갔다. 우리나라 (백제) 벼슬아치가 되어 세도가 컸다. 천황은 그 행실이 나빠 불러들였다."

한편 일본서기 본문에서는 백제 디기/전지 왕이 돌아가서 젊은 구이신이 임금이 됐다. 그래서 모꾸(라) 마찌가 국정을 맡았다. 그러나 왕모와 (정을) 통하며 무례가 많았기에 천황이 불러들였다고 적고 있다. 이 모꾸라 곤시 부자 이름은 삼국사기에는 한마디도 없다. 한편 대성동 고분 88호는 모꾸라 곤시 장수의 무덤으로 여겨지며 일본서기에 있는 모꾸라 부자의 기사를 믿게 한다. 모꾸라 마찌가 도일했다는 것을 뒷받침하는 글이 일본 서기 리쮸 2년 대목에 있다.

10월에 이와레에 왕도를 차린뒤 헤구리 쓰꾸 어르신과 소가 마찌님과 모노노베 히꼬 님과 쓰브리 오오미 님에 국정을 맡겼다는 것이다.

리쮸 천황은 왜왕찬(讚)으로 보는데 이가 송나라에 상표문을 보낸 것이 서기 421년이다. 이 연대로 봐서 서기 420년 이후 모꾸라 마찌는 도일했고 곧바로 왜나라 국정에 더불게 된 것으로 보인다. 성씨도 모꾸라에서 소가로 바꾼 것이다. 이러한 정황을 놓고 볼 때 모꾸라 마찌는 서기 420년까지 김해에 있던 백제 다무로의 확기였다고 보는 것이다.[2]

모꾸라 곤시 장수와 왜왕지는 아주 가까운 사이였고 왜로 건너간 왜왕지가 왜땅 시끼로 가서 그곳 나라님일 때 서기 396년에 쳐들어온 고마 확기에 바친 뒤 대왜가 생겼으므로 왜나라 황실에서 모꾸라 곤시 장수의 아들 모꾸라 마찌는 대환영을 받았을 것이고 국정을 맡게 된 것으로 본다. 소가 마찌의 그 아들 이름이 고마니, 가라꼬니 한 것을 봐서도 소가 마찌는 백제 장수였음을 시사한다.

서기 420년 이후 얼마 안 되어 이곳에서 확기이던 모꾸라 마찌는 백제 왕도로 떠난다. 그 뒤에 구야 세니찌의 후손이 도로 왕권을 잡고 아랫가라/남가라는 가나/金官 나라로 다시 난 것이다.

5세기에 들어서 대성동 고분에 왕급 무덤은 자취를 감춘다. 그만큼 가나 나라의 국운은 다한 것이었다. 서기 314년에 낙랑 소멸로 북방 교역도 끊기고 4세기 후반에는 왜와도 교역이 끊긴다. 대가야로 왜 교역 중심이 옮겨 간 것이다. 왜왕지가 임나가라를 떠나 왜땅으로 건너간 뒤 그리고 400년대 고구려 기마군의 남침이 있은 뒤 임나 지방에서 대왜로 건너간 피난민 때문인지 임나 관련 기사는 일본서기에 자주 나오고 있다. 마지막 임금 구해왕은 서기 532년에 나라를 신라에 바친다.

고분 유적[3]

김해에는 구야를 거쳐 아랫가라를 거쳐 가나나라가 들어서는 동안 많은 고분이 들어섰고, 발굴 조사됐다. 회현리, 부원동 조개더미의 생활 유적, 대성동, 양동리, 예안리의 고분유적 중에 김해의 역사를 밝혀 주고 있다.

여기서는 대성동 구분 가운데 두어 가지 고분을 주로 알아보고자 한다.

첫째로 대성동 고분 29호이다. 3세기 말에 지은 널 무덤이다. 청동 초미금구 1점, 구리 솥 1점 등 여럿이 나왔는데 구리 솥은 부여 것과 같다는 것이다. 이 무덤에는 순장이 되어 있었고 고소가리/금관 조각도 나왔다.

둘째로 대성동 고분 88호의 경우 그 무던크기는 길이 8.1m, 너비 4.5m, 깊이 1.7m로 왕급 무덤이란다. 덧날 크기는 길이 5.9m, 너비 2.7m 였다. 연대는 4세기 후반이란다. 껴묻기로는 금동 띠꾸미개 등 여러 금동 제품과 파형 구리붙이 13점, 동현 구리붙이 3점, 도기, 무기, 갑옷 구슬 꾸미개 외 숱한 토기가 나왔다.

특히 금동띠 꾸미개는 부여 것임을 밝혀졌다. 이 금동 띠 꾸미개는 장수가 지니던 것이란다.

또한 세 명의 순장인이 있었다고 한다. 더구나 날이 넓은 구리창이나 파형 구리 붙이는 왜나 것으로 이곳에 묻힌 이가 왜인과 친교가 있었음을 시사한다.

우리가 보는 바로는 이 무덤에 묻힌 이가 모꾸라 곤시장수라는 것이다.

2. 임나가라

백제의 가야 평정 때 비로소 그 이름이 알려지는 임나가라는 왕도가 소바라에 있었다. 임나가라는 백제의 다무로였던 것이다. 광개토대왕이 경자년(400) 대복에 나오는 종발성從拔城은 이두풀이가 소바라기이며 소바라가 임나의 왕도이던 것이다.

소바라는 사와라草羅로 일본서기에 나오며 이 이름은 草梁으로 바뀌었고 현재는 부산시 하단 일대이다. 이 하단시 뒷동산에 산성 유지가 있다.

왜왕지는 이곳 임나가라 다무로의 확기이다가 서기 375년 전후에 왜 땅 시끼에 가서 그곳에서 나라님으로 396년까지 임금으로 있던 것이다. 그런데 이곳에는 5세기 왕급 무덤이 있다고 한다. 무슨 일이 있었던 것일까.

사찌 히꼬가 서기 382년에 오오가라로 쳐들어가 쑥밭이 된 것을 모꾸라 곤시 확기가 되살린 일은 앞에서 본 바이다. 한편 얼마 안 되어 왜가 서기 393년에 배를 타고 와서 경주 금성을 에워쌌다가 물러난 기사가 삼국사기 내물왕 38년 대목에 보인다. 그런데 같은 일을 놓고 광개토왕비 신묘년 기사에서 "왜 (아마도 임나가라 등 미찌 이주민인 왜)가 바다를 건너와서 성을 부수며 그 종주국인 백제가 신라를 복속시키려 한다며 그래서 속국인 신라를 도우려고 396년에 백제를 수륙으로 쳐들어갔다"고 적고 있다.

이 고구려군 침공에 분풀이하듯이 백제 다무로이던 임나가라나 아랫가라나 아라 사람들은 신라로 쳐들어간 것이다. 속국의 원병 요청에 고구려는 서기 400년에 기마군 5만 명을 보내 임나가라의 소바라기/종발성까지 치게 된 것이었다.

마침 북연의 공격을 받은 고구려는 이 기마군단을 도로 불러들이자 백제 다무로 사람들은 다시 신라를 치기 시작했다. 마침 고구려군과 같이 신라로 돌아온 볼모 실성 왕자가 서기 402년에 왕위에 오른다. 이 실성왕은 성이 석씨이다. 볼모로 고구려에 있다가 서기 400년대 고구려를 기마군과 같이 귀국해 석씨인 실성왕이 왕위에 오른 것이다.

다무로군의 공격에 못 견딘 실성왕은 선왕의 왕자를 볼모로 내주면서 침입군과 강화를 꾀한다. 열다섯 해 뒤에 실성왕은 선왕의 맏아들을 죽이려 하자, 도리어 자기가 죽여지며 이때 왕이 된 눌지왕은 데무로를 보내 볼모인 아우를 구출한다. 그런데 삼국사기에는 미사흠 볼모가 있던 섬 풍도가 일본서기 진구 5년 대목에서는 대마도로 나온다. 그리고 볼모로 잡아둔 우두머리가 가쓰라기 쏘쓰 하꼬로 나온다. 소쓰 히꼬는 사찌 하꼬와 같은 인물이라로도 한다.

볼모가 다라난 것을 알게 된 사찌 히꼬는 분풀이로 소바라기/종발성을 무찌르고 돌아왔다고 한다. 이 소쓰 히꼬는 진구 62년(382) 대목에서 오오가라로 쳐들어갔고, 오오진 14년(403)에는 유두기 대감과 함께 있던 120고을의 난민을 데리러 갔고, 오오진 16년 대목에서는 위 난민과 유두기 대감과 함께 소쓰 히꼬가 돌아왔다고 한다. 곧 소쓰 히꼬의 활동 무대는 임나가라나 대마도이며 이곳의 고을님이었겠고 왜왕지가 떠난 뒤 지방에서 활동하던 인물로 본다.

이 소쓰 히꼬/사찌 히꼬라는 인물을 통해 임나가라나 대마도와 대왜 사이에 교섭이 잦았음을 알 수 있다.

위에서 본바 신라 볼모가 탈출한 직후 임나가라의 소바라기로 소쓰히꼬가 쳐들어간 것은 서기 418년 즈음일 것이다. 삼국사기에 눌지 2년(418)에 볼모이던 왕자 미사흔이 돌아왔다고 적고 있기 때문이다. 내물 38년(393)에 왜인이 금성을 에워싼 것을 물리쳤다고 한다. 그리고 눌지 15년(406) 대목에는 왜가 동변의 명활성을 에웠다가 물러났고 눌지 28년(429)에는 금성을 에워쌌다가 물러났다고 한다.

이상에서 보듯이 서기 429년까지도 대마도의 왜는 신라를 치고 있고 임나가라 지방의 왜도 가세했을 것으로 보인다. 이러한 불안한 정황에 있던 임나가라에 왕이 있었고 왕관을 만들어 무덤에 넣을 형편은 아니었다고 본다. 복천동 고분 11호에서 금동관이 나오고 있는데 아마도 4세기 중순에 이 무덤은 지어졌다고 보는 것이 타당해 보인다.

복천동 고분 유적[4]

4세기 이후 문화가 피기 시작한 낙동강 유역에는 1,200℃ 이상에서 만드는 딜 그릇 곧 도질 토기가 만들어졌고 쇠로 만든 투구가 나타났다. 4세기 후반부터 딜 그릇인 굽다리 접시가 만들어졌고 복천동 고분에서도 많이 나왔다. 그런데 복천동 고분의 굽다리 접시와 김해 대성동 고분의 굽다리 접시가 같은 것으로 봐서 부산과 김해는 당시에 한 문화권임을 알 수 있다.

이 두 곳에는 미찌 이주민이 퍼져 살고 있었기 때문인 것이다. 4세기에 들어서면 쇠촉이며 쇠창과 큰 칼 갑옷과 투구가 많이 나오며 전쟁이 잦았음을 시사하기도 한다.

위에서 본 바 4세기 말에 백제 다무로이던 임나가라는 왜왕지가 떠난 뒤 400년대 고구려군의 침입으로 크게 흔들린다.

5세기 초에 부산 지역은 고구려군의 침공 이후 전란을 겪는 동안 고령 일대는 평화 속에 문화와 국력이 크게 핀다. 그것도 5세기 후반이 되며 신라는 법흥왕 이후 국력이 커지면서 임나가라 이후 부산의 가야 문화는 소멸해 갔던 것이다.

대가야

서기 369년에 있던 백제의 일곱 가야 평정때 열거된 "가라"는 고령에 있던 가야를 가르킨다.

이 고령 가야를 대가야라고 흔히 부른다. 그런데 이 대가야의 어원은 뭣일까?

이 궁금증을 풀어주는 실마리가 일본서기 진구 62년 대목에 인용된 백제기에 있다. 곧 "임오년(382)에 가라의 고을님이 고호간기/己本旱岐라는 글귀이다. 이 당시에 백제 다무로의 고을님은 "지명+왕호"라고 적고 있다. 곧 고호는 이 다무로의 지명이고 "간기"는 확기/후왕을 가리키는 말이던 것이다. 한기/旱岐의 이두풀이는 하끼이며 확기가 바뀐 말이다. 여기서 우리는 고호가 땅 이름이고 하끼가 벼슬이름임을 알 수 있다.

'고호'라는 지명은 게이따이 23년(479)년 대목에 보이는 위 '고'다무로가 왕국이 된 뒤의 임금 이름 '고호리지까'/己富利知伽에서 다시 나온다.

후리는 뒷날에 부리로 바뀌면서 고을을 뜻하고 '고'가 고유지명이던 것이다. 그리고 '지까'는 이 왕국의 임금을 가리키던 말이던 것이다.

이 '고호'가 오후로 바뀌면서 의부意富라고 한자 소리로 적는가 하면, 그 뜻에 따라 크다는 뜻인 한자 "대大"를 적기도 한 것이다. 곧 이 고령 가야는 위 대가라가 대가야大加耶라고도 적히며 대가야로 지명이 굳은 것이다.

한편 대가야는 반파/伴跛라는 나라 이름으로도 일본서기에 나오며 양직 공도에도 비슷한 국명으로 나온다. 다만 일본서기에는 '하헤'라고 훈독하고 있다.

이 나라는 대가야 또는 반파국으로 알리게 된 것이다. 중국 남제 사서에는 서기 479년에 대가야황을 "보국 장군 본국/本國 왕으로 제수하고 있다. 이 당시가 대가야의 전성기였다고 한다.

다음에는 대가야가 서기 479년 즈음에 전성기를 누린 역사 배경을 살펴본다.

여기서 우리가 주목한 것은 규슈 다마나시에 있는 다라후나야마 고분에서 대가야의 금 귀걸이, 마구 등이 유품으로 나오고 있다. 그리고 서기 471년 즈음에는 동경 북쪽 교다시의 이나리야마 고분에서도 대가야의 금 귀걸이, 마구 등이 나오고 있다는 고고학 사실이다.

에다후나야마 고분에 묻힌 이는 백제 왕족 여기리이며 왕무덤에서 나온 여러 백제 유물들 곧 금동고소가리, 금동신발이며 은상감된 칼에 새긴 글에서 이분이 개로대왕을 섬기던 백제 다무로 확기이며 개로화왕의 상표문(458)에서 우현왕으로 책봉된 백제 후왕임을 밝힌 바 있다.

곧 대가야는 백제가 고구려 침공으로 쇠약해진 동안 섬진강을 거친 대왜 교역으로 국력이 커갔던 것이다.

서기 369년 이래로 백제 다무로 이던 다시기 곧 하동의 확기/후왕이 서기 396년에 왜나라로 망명가면서 이 섬진강 하구는 무주 공산이며 대가야가 빈 땅을 차지하고 섬진강 따라 왜왕으로 쉽게 오갔던 것이다. 섬진강 하구에 있던 신미나라는 서기 369년에 이미 멸망하고 이곳 역시 빈 땅이었다. 다시 말해 서기 458년 전후에 대가야는 섬진강 거쳐 왜나라 북규슈 일대로 교역을 펼쳐 간 것이다.

서기 96년에 이어 서기 400년에 있던 고구려 침공으로 백제는 빈사 상태였고 이 와중에도 평화를 누리던 대가야는 물 좋고 땅 질고 많이 나는 쇠를 가공하면서 금 공예며 마구 맹산등 산업을 키워갔던 것이다.

그런가 하면 서기 471년 즈음에는 동경 북쪽 교다시에 있는 이나리야마 고분에서도 대가야산 금 귀걸이며 마구가 나오고 있고 이곳까지 대가야는 교역 상대가 넓혀진 것이다. 우리가 밝힌바 이나리야마 출도 쇠칼에 새긴 글에서 이곳 역시 개로대왕은 섬기는 확기가 이곳 다무로를 거느리고 있던 것이다.

이렇듯이 왜땅 전역 스무 곳이 넘는 고분에서 대가야산 금귀걸이며 마구가 나오고 있는 것이다.

그러나 서기 501년에 무령대왕 시대에 들어서면서 섬진강 일대가 다시 백제 세력하에 들면서 대왜 항로가 바뀌고 백제와 신라가 강성해지면서 대가야는 나라 힘이 시들기 시작한 것이다. 그리고는 서기 554년 관산성 전투에서 백제와 더불었던 대가야는 신라의 미움과 침공으로 서기 562년에 멸망한다.

고분유적[5]

3세기 초 고령에는 반로국이 있었고 그 증거가 반운리 유적이란다. 이곳에서 나온 질 그릇, 딜 그릇 쇠붙이 유품이 그 증거란다.

4세기가 되면 쾌변리 유적에 큰 널무덤이 나오며 5세기의 돌방무덤으로 이어갔다고 한다. 그러다 5세기가 되며는 지산동 고분 유적이 나타나면서 대가야의 출현을 알리고 있다. 지산동 뒷산 산마루에 즐비한 무덤은 돌방 무덤으로 그곳에서는 금동 유물을 비롯한 딜 그릇이며 마구와 장신구와 아울러 순장이 나온 것이다.

이곳 다무로의 확기는 독립 왕국의 임금이 되면서 백제의 문물을 이어 드높힌 것이다. 이 대가야의 세력 팽창은 대가야식 굽다리 그릇, 묘제의 전파 등을 봐서 잘 알 수가 있는 것이다.

서기 479년에 대가야 하지왕은 중국 남제에 사신을 보냈고 보국 장군 본국(本國)왕이라는 작위를 제수받고 있다. 이렇듯 대가야는 중국 왕조에 사신을 보낼 만큼 국력이 커갔던 것이다. 그런데 여기서 본국은 대가야를 가리키는 말인데 어찌 된 일일까.

이 유래를 밝히는 글이 일본서기 게이따이 7년(513) 대목이다. 사신으로 온 백제 장수가 가로되

"하헤가 우리 고문(古汶) 땅을 빼앗았다." 되돌려 주도록 해달라고 말했다는 것이다.

이 말에서 하헤(伴跛)는 대가야를 뜻하던 것이다. 그런데 반(伴) Puən이고 본本은 중고음이 역시 Puən이며 두 소리가 같으며 이 나라를 본국本國이라 불렀고 장군 칭호에서 대가야왕을 일컬은 것이다.

5세기 말에 대가야는 중국 남제에 사신을 보낼 만큼 국력이 커갔던 것이다. 곧 5세기 중반부터 대가야는 다사기/하동으로 가는 길목까지 세력을 뻗치고 이 섬진강을 통한 대왜 항로를 다졌다고 한다. 사실 대가야산 금 귀걸이나 마구같은 것이 이나리야마 고분 또는 에다후나야마 고분 외 많은 왜나라 고분에서 출토됐다고 한다.[6]

이러한 왜 교역으로 대가야는 국력이 날로 커갔던 것이다. 곧 대가야는 기름진 땅, 쇠 산업 외에 섬진강을 통한 왜와 교역을 함으로써 크게 피었다는 것이다. 짐작컨대 서기 396년에 고구려군이 백제 왕도 가나다라를 치고 백제가 빈사 상태에 있을 때 전란을 피해 이곳 대가야로 온 마구 바치며 금 바치들이 이러한 산업을 꽃피웠지 않았나 짐작해 본다.

그러나 서기 554년에 있던 관산성 전투에 백제와 더불었던 대가야는 신라의 미움과 침공으로 마침내 서기 652년에 신라가 차지하게 된다.

다라 왕국[7]

3세기 위지 한전에 적힌 마한이나 변한의 여러 나라 이름 가운데 "다라多羅" 나라 이름은 안 보인다. 그러나 서기 369년에 있던 백제의 가야 평정기가 일본서기 진구 69년 대목에 비로소 나온다.

이 다라는 역시 백제 다무로가 되면서 확기가 책봉됐던 것이다. 그리고는 400년대 이후는 이곳 역시 독립 왕국으로서 대가야 멸망과 운명을 같이 한 것으로 보인다. 이러한 역사 배경을 합천 옥전 고분군은 그 유물로 우리에게 알려 주고 있다.

합천댐 공사에 앞선 지표조사에서 이 무덤터의 고고학 발굴이 시작된 것이란다. 그 결과로 이 옥전 고분 유적에는 봉분고분 9기, 덧널무덤 10개, 위튼 돌방무덤 37기, 옆튼 무덤 1기, 연도 돌방무덤 1기가 발굴됐다. 그리고 이곳에서 나온 3,000점의 유물은 세상을 놀라게 한 것이다.

금동 고소가리(왕관) 4점을 비롯해 고리 자루 칼 7점, 금동 띠 꾸미개, 갑옷 8점, 투구 15점, 금귀고리, 구슬 목걸이(비취, 마노, 호박, 유리), 무기, 농공구, 마구, 토기 등이 무더기로 나온 것이다. 4세기 말에 지은 덧널 무덤을 비롯해 5세기 말에는 최상의 무덤이 나타난 것이다.

이곳 무덤이 있는 옥전은 말 그대로 옥이 많이 나는 곳이라는데서 유래된 이름이란다. 사실 "다라"는 옛 말로 "귀한 돌" 곧 옥을 뜻하는 말이던 것이다.

한 무덤에서는 2,000개나 되는 다라/옥이 나오고 있다. 당시에 다라/옥은 귀중품이며 임금의 권세를 상징하며 나라의 가별을 상징하던 것이다.

고리 자루 칼을 4개씩이나 묻은 무덤의 존재는 이 나라가 작은 대국임을 알린다. 마갑은 복천동 고분것과 같은 것이었으며 400년대 고구려군 침공 전투에 임나가라와 다라 사이에 군사 교류가 있었음을 시사하기도 한다. 더구나 이곳 가야산은 우두산이라고도 하며 미찌나 백제의 소마리 믿음의 전통을 볼 수 있다. 대가야나 다라가 가나 나라에서 볼 수 있는 구멍 뚫린 굽다리 접시는 소마리 풍속에 따른 굿을 할 때 쓰던 굿 그릇이 었을 것으로 짐작된다.

이 다라 왕국은 대가야 멸망과 같은 시기에 사라진 것으로 짐작된다.

히시 왕국[8]

히시는 비사比斯로 적히며 이 나라 이름은 위지 한전에는 변진의 나라 이름 후시不斯와 통한다. 오래된 나라인 것이다. 현재 창녕으로 통한다.

이 나라는 백제의 가야 평정이 있던 서기 369년 이후 400년대까지 백제의 다무로가 있던 곳이다. 진구 691년 대목에서 히시(창녕)과 다가(영산)이 다른 나라이던 것이 이나리야마 칼 글(471년)에는 다가 히시로 나온다.

백제가 평정한 다가와 히시는 거리가 15km밖에 안 되며 이 두 곳을 아울러 다다가히시 라는 다무로를 차렸고 확기를 책봉했던 것이다. 그리고 400년대 이후 독립왕국이 되면서 "히시"로 부르다가 서기 553년에 신라가 이곳을 차지하고 완산주를 두었고 561에 창녕비를 세운 것이다. 가나나라가 망하기 직전인 것이다. 게이따이 21년 대목도 이 즈음에 히시가 사라짐을 시사한다.

이 다가히시 이던 창녕 지방에는 크고 작은 산성과 무덤 유적이 많다. 가령 창녕 화왕 산성 밑에는 교동무덤 유적이 있는데 중대형 무덤 90기와 작은 무덤들이 있다. 이곳에서 금 띠고리, 금동 고소가리, 용봉 고리

자루칼, 창동 합, 청동 솥 및 각종 꾸미개와 토기가 도굴돼 일본으로 반출 됐단다.

송현동에는 목마 산성이 있고 그 기슭에도 10기의 큰 무덤과 10기의 작은 무덤이 발굴됐다. 5세기 후반과 6세기 초에 지은 것이다.

이 밖에 신당 산상과 이 밑에 있는 크고 작은 무덤 수백 기가 있는데 5, 6세기에 지은 것들이란다.

영산에 있는 영취 산성 밑에는 큰 무덤 1기와 30여 개의 작은 무덤이 있다고 한다. 이들 산성, 무덤 떼 그리고 왕도 자리가 있는 것을 보면 백제의 왕도 배치와 닮아 이 고장이 백제 다무로였다는 증거로 보고자 한다.

아라 왕국[9]

아라安羅는 3세기 위지 한전에는 아야安邪로 나온다. 세니찌臣智가 있던 나라로 3세기 당시에는 힘 센 나라이며 여러 작은 나라를 거느렸던 것으로 보인다. 3세기 당시 마한과 변한의 다섯 세니찌가 미찌의 세니찌를 진왕으로 추대했던 것이다. 3C 당시에 그 센찌 이름은 데찌이며, 이 역시 미찌 이주민임을 시사한다. 서기 369년에 백제는 평정한 아라에도 다무로를 차리고 확기를 둔 것이겠다. 힘셌던 세니찌 왕족도 다무로 시대에는 왕권을 잃고 사라진 것으로 본다.

함안에 왕도가 있었을 것이기에 그 무덤 떼가 있는 말이산 유적을 알아보기로 한다.

아라가야 일대에서 발굴된 널 무덤은 25기가 되는데 말이산 북쪽에 몰려 있다고 한다. 기원후 2세기까지 유행하던 무덤 양식이란다. 이어서 3

세기에는 덧널 무덤을 짓기 시작하며 여러 곳에서 발굴됐다. 그러나 위신재가 보이지 않으며 5세기가 돼서야 돌방무덤을 지으면서 위신재가 나오기 시작한다. 그리고 순장도 보이기 시작한다.

이들 무덤에서는 많은 토기와 아울러 쇠 무기, 쇠 농공고, 금붙이 꾸미개, 갑옷과 투구, 말 갑옷, 고리자루 칼 등도 나오고 있다. 구슬이 많이 나오고 있다. 특히 아라식 딜 그릇(도질토기)가 나오며 5세기에 왜땅 가와찌 지방에 이 딜그릇 기법이 아라 사람이 전수한 것이란다. 5세기 초에는 120고을의 난민을 이끌고 유두기 어르신이 대왜로 왔다는 일본서기 기사를 보면 이때에 아라 딜그릇 바치도 따라서 가지 않았나 생각된다.

사실 서기 400년에 고구려 기마군 5만 명이 임나 지방으로 쳐내려온 것을 적은 광개토왕 비문에서 아라 술병 이야기가 세군데 나온다. 아라도 백제 다무로서 이 분쟁에 더불었던 것이다.

그동안 잘 살던 아라도 554년에 백제와 더불은 관산성 전투에서 진 다음에는 신라의 침공을 막을 길이 없었다. 일본서기 긴메이 22년(561) 기사에서 신라가 아라 파사산에 성을 쌓았다고 하므로 이 당시에 아라는 멸망한 것으로 짐작되고 있다. 파사산은 아라에 있는 옛 산 이름이다.

도꾸준[10]

평정된 도꾸준卓淳은 현 성주에 있던 나라로 서기 396년에 백제가 평정하면서 다무로가 됐고 도꾸준의 고을님이 그대로 확기로 책봉된 듯 하다. 이 확기는 백제인이 아니기에 이 다모로 확기는 백제의 시달림 끝에 신라로 서기 373년에 떠났고 이 확기가 삼국사기 내물 18년 대목의 독산산성이라고 본다. 무주공산이던 이곳 성주에 그 뒤 들어선 나라가 성산

가야였다고 본다. 이제 이 주장의 근거를 살펴본다.

(1) 진구 49년 대목

일본서기는 이 대목에서 적기를,

> "3월에 아라다 와께와 가가 와께를 장군으로 삼았다. 구데이 등과 더불어 병사를 거느리고 도꾸준卓淳 나라에 이르러 신라를 치려고 했다. 그러나 군사수가 모자라서 신라를 치기에는 어렵다는 말에 모꾸라 곤시와 사사노꼬 장수를 보내서 사하꾸와 고모로의 증원 군사화 더불어 신라를 쳐부셨다."

그런데 엉뚱하게 평정한 나라들은 일곱 가야 나라들이었다. 하여간에 문제는 모꾸라 곤시라는 백제 장군이 수군을 몰고 온 아라다 와께와 더불어 도꾸준 나라부터 평정 전쟁을 시작했다는 것이다.

그런데 진구 46년 대목을 보면 이미 갑자년(364년)에 시마 스꾸네라는 왜인이 도꾸준 임금을 만날 때 백제 사람 구데이 등이 와서 왜나라로 가는 길을 묻더라는 글이 나온다.

이나리야마 칼글에는 고리가리 확기라는 이름이 보이며 가야 일곱나라를 치던 369년 이전에 백제는 경북 함창 지방까지 다무로를 차린 상황이며 이곳 백제 사람과 임나가라의 왜인이 도꾸준에서 모여 서로 문답을 한 정황이 엿보인다.

이상에서 보듯이 백제와 임나가야의 왜인들은 도꾸준이란 곳에서 가야 평정에 관한 회의를 미리 가졌던 것이다.

그들이 만나기에 알맞은 도꾸준이란 곳은 따라서 백제 다무로가 있던 고리가리(함창)과 임나가라(부산)에서 서로 와서 만나기 쉬운 낙동강 상류에 있었을 것이 짐작된다. 그곳이 어디일까?

(2) 독산 산성

삼국사기 신라본기 내물 18년 대목의 글이다.

"백제 독산(禿山) 성주가 가신 300명을 데리고 항복하므로 왕은 이들을 받아들여 6부에 나누어 살게 했다.……"

이 글에서 보이는 독산이란 도꾸준/㫌淳을 뜻하지는 않을까?
내물 18년은 서기 373년이며 근초고왕 28년이 되는 해이다.
가야 평정이 있던 서기 369년에서 4년째 되는 해이다.
독산의 중고음은 thuk-Sæn이고 도꾸준㫌淳의 중고음은 tɔk-zien이다. 두 말소리가 거의 같다. 그렇다면 독산 성주는 바로 도꾸준 고을이 아니었겠나 하는 생각이 든다.
독산 성주는 그곳에서 백제 사람과 임나가라 사람이 만나 평정 작전까지 하도록 편의를 봐준 셈이다. 그럼에도 이 나라는 백제가 점령하고 이 땅은 백제 다무로가 된 처지이고 이 나라님으로서 도저히 자존심을 지킬 길이 없게 된 것은 아닐까?
드디어 독산 성주는 가신들을 데리고 신라로 망명한 것이겠다. 그 뒤 독산 산성은 무주공산으로 오래 남지는 않았다.

(3) 성산 가야

삼국유사를 보면 여섯 가야 나라가 있었다고 한다.

금관가야, 대가야, 아라가야, 소가야, 비화가야, 성산가야이다.

일본서기에 나오는 남가라가 금관가야로, 가라가 대가야로, 아라가 아라가야로, 히시호가 비화가야에 비정된다.

성산가야는 아무래도 도꾸준 나라에 해당한다고 본다. 소가야는 일본서기에서 평정된 나라는 아니다.

이제 성산사야가 도꾸준 나라라는 주장을 하는 근거를 살펴 본다.

성산가야는 벽진가야라고도 하는데 경북 성주에 있던 나라이다. 성주는 대구와 거의 같은 위도상에 있고 낙동강이 그 두 곳 사이에 흐른다. 성주는 낙동강 서쪽에 대구는 그 동쪽에 자리하고 가깝다.

백제는 364년이 되면 이미 경북 함평까지 다무로를 차리고 있었다. 낙동강 상류의 안동에서 멀지 않은 곳이다. 한편 낙동강 하류 부산에 있던 임나가라와도 낙동강 따라 올라올 수 있는 곳이다. 이 성주에는 독용산성이 있다. 이 독용이란 이름도 첫 마디 "독"이 독산산성의 독이나 도꾸준의 도꾸와 소리가 통한다.

이곳 독용산성이 독산산성일 때 그 성주가 300명의 백성을 데리고 서기 374년에 신라로 망명해 왔다고 신라본기 눌지왕 18년 대목은 적고 있다.

그렇다면 그 독산 산성의 땅 도꾸준 곧 성주는 당시 한동안 무주공산이었을 것이다. 그러나 그것도 잠시, 낙동강 가까운 살기 좋은 이곳에는 나라가 다시 들어섰을 것이겠다. 물론 도꾸준 일대에 가까운 곳에서 사람들이 들어와 살았으나 역시 한동안 백제가 거느리는 땅이었을 것이다.

그 증거가 대구 경북 대학 북문에서 가까운 검단이라는 이름을 가진 고장의 존재가 그 한 가지이다. 검단은 삼한시대 나라굿을 하던 믿음터이다. 미찌나 백제가 다스리던 곳에서 흔히 보는 유풍인 것이다.

성주에는 높이 384.3m의 낮은 성산이 있는데 성산동 고분군(사적 86호) 수죽·용각리 고분군, 명중리 고분군 등이 있다.

성산동 고분군은 323기의 봉토분으로 이뤄졌다.

이제까지 이뤄진 발굴 결과로 5세기에는 돌방무덤, 6세기에는 옆튼 돌방무덤을 지었고 꺼묻거리로는 굽다리 접시, 굽다리 긴 목 항아리, 원통 그릇 받침 등 토기와 금귀걸이, 은 고소가리 띠, 은 허리띠 외에 고리칼, 쇠투겁창, 쇠화살촉 등 많은 토기와 쇠붙이가 나왔다. 신라 토기와 아울러 성주 특유의 토기도 나왔다.

신라의 영향은 보이나 대가야 토기는 안 보였다.

이곳에서는 순장의 징후는 볼 수 없다.

성산동 고분 5기에서 1,000점 가까운 토기가 나왔으나 고소가리, 갑옷, 큰칼, 금동 공예품은 별로 없었다.

성산동 고분군 가운데 규모가 가장 큰 48호분은 1917년, 1918년, 1920년도 발굴이 있었으나 현재 대대적인 발굴조사가 이뤄지고 있다고 한다.

고분군의 존재로 이곳 성주에는 성산 가야가 5, 6C에 걸쳐 존재했음을 알 수 있다. 그러나 이곳에서는 순장이 없었으며 고소가리 등 금동 공예품이나 무기 부장품도 없고 그 세력이 크지 않았음을 알 수 있다.

다만 검단이라는 지명이 남아 있는 곳이 성주와 경북대 북문에서 가까운 낙동강가에 있는 것으로 봐서 한동안 백제 문화권에 있었음을 알 수 있다.

　이상에서 보듯이 도꾸준은 현 성주로서 한동안 백제 다무로이다가 5세기에 들어서 성산가야라는 나라가 들어섰다고 본다.

6장

1 김영덕 : 백제 다무로, 바히네 출판, 2017.
2 김영덕 : 다시 본 모꾸라 곤시 장수, 유튜브 강연, 2024. 3. 2.
3 편집 : 국립 김해 박물관, 통진 문화사, 1998.
  심대용 : 금관 가야 고분 연구, 부산대 고고학과, 2019.
4 편집 : 복천동 고분군, 부산 광역 시립 박물관, 복천 분관 1996.
5 신종환 : 대가야는 살아 있다, 대가야 박물관, 2010.
6 박천수 : 일본 열도속의 대가야 문화, 고령군, 경북대학교, 2009.
7 편저 : 황강, 옥전 그리고 다라군, 합천 박물관, 2005.
8 김제호 : 비화 가야사 연구, 백제 가야 연구들, 1997, p. 51.
  김창석 : 창녕 화왕 산선 연지, 창녕군 경남문화재 연구소, 2009.
9 편집 : 말이산, 함안 박물관, 2013.
10 김영덕 : 도꾸준, 미발표 논문, 2002.

7장

전지왕(405~420)

　전지腆支의 이두풀이는 디기이다. 일본서기는 직지直支라고 적고 도기라고 읽는다. 이 역시 이두풀이는 디기이다. 삼국사기는 전지왕이 아신왕의 아들로 왜나라에서 볼모로 서기 397년에 갔다고 적고 있다. 그러나 사실은 이 전지 왕자는 극진한 대우를 받는다. 그도 그럴 것이 고마 확기가 세운 대왜는 선 지 1년밖에 안 된 작은 고을 나라이고, 백제는 마한과 변한의 66고을 거느리는 큰 나라였다. 그리고 갓난 왜는 모든 지원이 아쉬운 때였다.

　서기 405년에 아신왕이 돌아가자 왕의 아우가 왕위에 오르려 하자, 다음 아우가 형을 죽이고, 왕위를 찬탈한다. 그러자 국민들이 이를 죽이고 왜땅에서 호위무사 100명을 데리고 섬에서 기다리던 전지 왕자가 왕위에 오른다.

　전지왕은 왜땅에서 낳은 아들 비유왕자를 왜땅에 남겨둔 채 왕비 팔수부인을 맞아 낳은 아들이 구이신 왕이 즉위한 해는 420년이다.

한편 고마 화기이던 오오진 천황은 고마/공주에서 화기로 있던 시대를 생각하면서 전지 왕자를 극진히 대접했다. 그는 제 딸로 하여 이 왕자를 밤낮으로 모시게 한다. 7년 이곳에 있는 동안 전지 왕자는 아들을 얻었다.

하지만 전지 왕자는 백제로 돌아오면서 이 아들을 데리고 오지 않았다. 새로 왕비를 맞고 아들을 낳았는데 이가 구이신 왕이 된 것이다. 왜 땅에 남긴 비유 왕자는 그곳에서 자라서 오오진 천황의 손녀 오시사까 오나끼 부인과 결혼하게 되고 두 아들 가스리와 고니끼를 얻는다.

구이신 왕은 420년에 즉위했고, 서기 427년에 돌아가자 비유 왕자는 백제로 와서 임금이 된다. 비유왕의 왕비 이야기가 삼국사기에 없다. 자기가 왜 땅에서 아비 없이 자란 지난날을 돌아보며 왕비 없이 비유왕은 살았던 것이겠다. 그런데 그 뒤에 놀라운 일이 왜 왕실에 일어난 것이다. 오오진 천황의 두 손자 리쮸와 한세이 형제가 차례로 왕위에 올랐는데 어찌 된 일인지 이들을 이어서 비유왕의 아들 가스리가 왕위에 오르고 안꼬 천황이 된 것이다.

오오진 천황 집안의 성씨는 진眞이고 전지왕 집안의 성씨는 여余이기에 왕위 계승에서 성씨가 달라진 것이다. 이 성씨가 달라진 것을 알 수 있던 것은 왜왕들이 송나라에 보낸 상표문을 보니 왜왕珍과 왜왕濟 사이이 안의 가족관계가 적혀 있지 않고 있다는 것이다. 앞 두 천황은 각각 리쮸와 한세이 그리고 뒤 두 천황은 안꼬와 유랴꾸이며 성씨가 달라진 것이다.

이 두 집안 사이에 왕위 계승상 생긴 분쟁 내지 다툼은 아무 데서도 찾아볼 수 없다. 원만한 합의 아래 이뤄진 왕위 계승이던 것이다.

서기 455년에 비유왕이 돌아가자 안꼬 천황이던 가스리는 백제로 와 비유왕을 이어서 개로 대왕이 되고 아우 고니끼는 형을 이어 유랴꾸 천황이 된다. 이 왕위 계승 문제는 다음에 다섯 왜왕 대목에서 자세히 알아보기로 한다.

8장

개로대왕(455~475)

　비유왕의 맏아들이던 개로왕의 이름은 경사慶司란다. 慶司는 가스리에서 가스를 이두 표기한 것으로 보인다. 개로왕은 왜왕제濟이던 것을 왜왕 무武의 상표문(478)에서 알 수 있었다. 왜나라의 상표문 가운데 서기 443년에 왜왕제가 보내고 있고 이 서기 443년 이후 백제 왕실과 왜왕실은 성이 여余씨이며, 한 집안이던 것이다. 어떻게 이런 일이 생겼을까?
　이 수수께끼를 푸는 실마리가 비유왕자의 탄생이다. 대왜가 서자 마자 서기 397년에 백제 전지 왕자는 이 새나라로 다니러 온다. 얼마나 소중한 손님인지 건국왕 오오진 천황은 제 딸을 보내 전지 왕자를 밤낮으로 섬기게 한 것이다. 산을 사방에 두른 두메 골짜기에 갓 생긴 작은 나라의 첫 임금이 된 오오진 천황은 백제 왕자를 대환영했다. 자기가 확기 곧 후왕으로 있던 모국이자 대국인 백제의 왕자가 찾아왔으니 영광도 영광

이지만 건국 초기에 이 새 나라에 백제의 후광과 지원이 아쉬운 때였다.

이 덕분인지 이 왜나라의 첫 왕은 이 고장 호족들과 정략결혼을 하면서 세력을 넓혀 갔던 것이다.

그뿐 아니라 오오진 14년(410) 대복에서 백제가 침모를 보내왔고 유두기 어르신이 와서는 가로되 자기가 이끄는 120 고을 사람을 데리고 오려고 했는데 신라가 가로막고 있다고 하자 소쓰 히꼬를 보내 세 해 뒤에 이들이 오게 됐다고 한다. 유씨라면 미찌 왕족 성이기에 346년까지 있던 미찌 나라에서 임나가라 지방으로 망명 왔다가 그 후손이 396년과 400년에 있던 난민들을 이끌고 새로 선 왜나라로 망명 온 것으로 짐작된다.

소쓰 히꼬는 백제기에는 사찌 히꼬라고도 나오며, 성은 가쓰라기葛城이며, 이두풀이로 가라에서 온 사람으로 들린다. 앞에서도 봤지만 사찌 히꼬는 대마도에 볼모로 있던 신라 왕자의 탈출기에 나오는 대마도 도주격인 사람이기도 하다. 이 기사 다음 해에는 유교에 박식한 아지끼 님도 왔고, 그의 추천으로 왕인 박사도 이곳에 오게 되어 유교 도입에 이바지했다고 한다.

곧 갓난 왜나라에 백제의 인재가 각 방면으로 아쉬웠고 전지 왕자가 그 물꼬를 텄고, 왕이 된 뒤에도 백제는 그 갓난 왜나라를 여러모로 도운 것을 알 수 있는 것이다.

오오진 17년은 서기 413년으로 추정되는데 이 해에 왜가 동진에 사신을 보내고 있다.

삼국사기는 문주왕이 개로왕의 상좌평이었다고 적고 있다. 그런데 일본서기에는 유랴꾸 21년에 인용된 글에서 문주왕이 개로왕의 모제라고 적고 있다. 모제라면 외삼촌 곧 어머니의 아우가 아닌가. 곧 비유왕의 왕비가 오오진 천황의 손녀 오시사까오나까 부인임으로 문주왕은 오오진 천황의 손자이던 것이다. 오오진 천황은 진씨이므로 문주왕 또한 진씨이던 것이다.

앞에서 본바 왜왕 무가 개로왕의 아들인데 아버지를(왜왕) 제라고도 부른 데에서도 개로왕이 왜왕제였음을 알 수 있던 것이다.

개로왕은 즉위 초부터 고구려 침공에 대비한 국방에 힘을 썼다. 북위 나라에 보낸 상표문에서 보듯이 고구려에 대한 국방에 힘썼다. 이어서 송나라에 보낸 상표문(458)에서 놀라운 사실을 알 수 있다.

여곤 余昆을 좌현왕으로 또 여기 余紀를 우현왕으로 책봉하고 있는 것이다.

여곤은 곤지왕을 가리키며 개로왕의 아우이며 당시 왜나라 임금 유랴꾸 천황이고 여기는 에다후노야마 칼에 나오는 "기리"가 아닌가. 그런데 서기 432년에는 왜왕찬讚이 송나라에 사신을 보내고 있다. 다음에 상표문을 보낸 왜왕진珍과는 형제 사이라고 송서는 적고 있다. 리쮸 천황과 한세이 천황이 형제라고 일본 서기는 적고 있으므로 왜왕찬이 리쮸 천황이고 왜왕진이 한세이 천황에 대응한다. 그렇다면 오오진 천황의 22년 이후에 있었다는 닌도꾸 천황 기사는 가필이 되는 것이다.

왜왕제濟는 서기 443년에 송서에서 제수된 이후 연대 미상인 해에 왜왕흥興이 그 뒤를 잇는다. 왜왕제는 개로왕임으로 밝혀지고, 서기 455년에는 개로왕이 즉위했으므로 왜왕제의 재위는 서기 455년부터가 되는 것이다. 왜왕제와 그를 이은 왜왕흥은 형제라고 송서는 적고 있고, 이에 따라 왜왕제와 흥은 각각 형제인 안꼬 천황과 유랴꾸 천황이 되는 것이다.

좌·우현왕제도는 본시 흉노의 군사 제도이다. 좌현왕은 중국을 향해 왼쪽 영역을 지키는 우두머리이고 우현왕은 바른 쪽을 지키던 우두머리이던 것이다. 그리고 좌현왕은 흉노대왕의 다음 권세를 가진 직책이던 것이다.

그렇다면 좌현왕인 왜나라 유랴꾸 천황, 곧 곤지왕은 백제의 다무로격인 왜나라의 확기라고 할 수 있겠다.

우현왕 여기리 역시 그 이름이 에다후나야마 쇠칼에 나온 규슈 다마나시 지방의 우현황의 나라 곧 다무로이며 여기리 余旡利는 확기이던 것이다.

이 에다후나야마 고분에서 나온 여러 가지 유물 가운데 금동 고소가리(금동관)이며, 금동 신발은 백제의 입점리, 공주의 수촌리, 서산의 부장리, 고흥의 길두리 등에서 나온 것과 꼭 같거나 비슷하여 이 사실을 뒷받침한다.

유품 가운데 우현왕 여기리가 묻힌 에다후나야마 고분의 글을 은상감으로 새긴 칼이 나왔는데, 명문은 다음과 같다.

治天下獲□□□鹵大王世奉事典曹人名旡利工八月中
用大鑄釜幷四尺廷刀八十練六十振三才上好□□刀服
此刀者長□子孫洋洋得三恩也不失其所統作刀者
伊太加書者張安也.

이 칼글에서 두 가지 중요한 이름은 獲加多支鹵 곧 꼬까 다기루 대왕과 그를 섬기는 기리旡利이다. 꼬까는 최고를 뜻하고 다는 위대하다는 말이며 이 대왕을 최고이고 위대하신 기루대왕이라고 일컫고 있다. 이름이 기루임을 뜻한다.

곧 이 명문은 기로대왕을 섬기는 백제 확기 기리가 이 칼을 만든 연유를 적은 글이라는 것이다. 이 기리가 다름 아닌 개로왕의 상표문(458)에 나오는 우현왕 여기라는 것이다. 여기리를 줄여서 여기로 적은 것이다.

곧 규슈 구마모도현 다마나시 일대는 서기 458년 당시에는 개로(기루) 대왕이 책봉한 확기 여기리가 다스리는 다무로였다는 고고학 증거가 되는 글이 이 칼글이던 것이다.

잘 알려진 바 다무로라는 말은 미찌 이주민이 지명으로 즐겨 쓰던 말이기도 하다 다무로가 다마나로 바뀌었다고 보면 이곳 다마나 사람도 원래는 미찌 사람이던 것이다. 이들 조상은 미찌에서 왔고 3세기에는 구나 나라를 이루며 히미꼬 여왕의 나라 남쪽에 살다가 이 야마또 나라와 싸우다 져서 3C 후반에 이곳 구마모도현 다마나시로 물러나 살던 사람들이던 것이다.

왜왕이던 소문난 개로 대왕에 청하여 황족 여기리는 이곳 다마나를 다스리는 확기로 모셔 왔던 것이다. 이 다무로에서 500명 군사를 보내 동성왕을 호위하고 백제로 간 호위무사들은 이곳 출신이던 것이다. 아마도 이곳 다마나 사람들은 왜나라에서 백제로 가서 대왕이 된 개로 대왕 소식을 듣고 간청을 해서 여기리 확기를 모셔 온 것으로 보인다. 뒷날 서기 473년대에 이 다무로에서 호위무사로 온 사람들을 동성왕은 영산강 일대로 나눠 보내서 불안한 당시 지방 호족을을 다스리는 데 크게 이바지했고 이 쓰꾸시 사람들이 남긴 무덤이 영산강 일대의 둥근모난 무덤이던 것이다.

곧 458년 당시에 개로 대왕을 모시던 여기리 확기가 거느리던 이곳 규슈의 다무로 사람들은 기꺼이 481년 동성왕의 백제 귀향 때 후위에 나섰던 것이다.

18년(462)에는 왜왕흥/유랴꾸 천황이 형왕 개로대왕을 뵈러 가나다라/하남시까지 왔다. 당시 왕도이던 가나다라 곧 하남시에는 시끼 왕궁이 위용을 뽐내고, 목탑이 천왕사 절이 있고 한산 기슭에는 바위 동산이 화사했고, 이들 사이로 다라내가 흐르는 아름다운 왕도였다.

또한 숭산 곧 소마리와 이성산 곧 이소마리에는 검단이 있어 천신과 조상신을 모신 이곳에서도 들리고 한 곤지/유랴꾸 천황 일행이 이곳을 찾은 것은 서기 461년 봄날이었을 것이다. 이곳을 찾은 곤지왕/유랴꾸는 우선 좌현왕으로서 국방문제를 형왕과 의논했을 것이다.

그리고는 경제 문제도 다루었을 것이다. 그 뒤 각가지 바치들이 왜 땅에 온 것을 일본서기 유랴꾸 6년 기사는 전하고 있다.

그리고 곤지/유랴꾸왕은 귀국길에 만삭인 형수를 모시고 왜나라로 귀국한다. 아니나 다를까 만삭의 형수 부인은 규슈 앞 가까라 섬에서 아들을 낳는다. 이 해가 일본서기는 461년이고 무령왕 묘지는 462년이라고 적고 있다. 이 아기 이름은 사마이고 자리서는 서기 477년에서 서기 500년까지 왜왕무武이었고 백제에 돌아와서는 무령대왕이 된 것은 서기 501년의 일이다. 이 아기 이름은 시마이다. 시마란 소마가 바뀐 말일 것이고 소마는 칠지도에 백제왕을 기려 받드는 이름 소마 畢昏이며 신성한 군주라는 뜻이다. 이 말은 오늘날 일어 사마 樣로 바뀌고 님과 같은 존칭이다. 이 시마왕자는 왜왕실에서 극진한 보살핌을 받으며 자라서 왜왕무가 되고 왜나라를 서기 477년에서 서기 500년까지 23년 동안 다스렸다.

이 사실을 숨기려고 일본서기에는 이 왜왕무의 치세 동안 네 명의 가공 천황을 꾸며내며 이 사실을 숨기고 있다.

개로왕 19년(471)에는 왜땅 고(교다) 지방에 있는 백제 유민들의 우두머리를 확기로 책봉하고 그곳을 다스리게 했다. 이 사실을 밝히는 유물이 이나리야마 칼이던 것이다. 동경 북쪽 56km 되는 교다시의 한 고분인 이나리야마 고분에서 나온 쇠 칼에는 115라의 글이 새겨져 있는데 바로 이곳에 백제 다무로가 있었음을 알려 준다. 이 칼에 새긴 115자의 이두풀이는 다음과 같다.

"신해(4기)년에 적는 바 고확기께 옛 조상 이름을 오오히꼬, 그 아들 이름은 가리/수구니, 그 아들 이름은 고리가리 확기, 그 아들 이름은 다가-히시 확기, 그 아들 이름은 다사기 확기, 그 아들 이름은 하라고히, 그 아들 이름은 가사히리, 그 아들 고 확기께서는 대대로 장수로서(대왕)을 섬기며 오늘에 이르렀다.

확가(꼬까)이자 머리이신 개로 대왕이 시계 궁에 계시면서 천하를 다스림을 도왔도다. 네 번 달구어 만든 이 칼에 우리가 섬겨 온 근원을 적노라."

이 칼글에서 우리는 개로 대왕이 일본 사니다마현 교다시 일대에 다무로를 서기 471년에 차리고 확기(후왕)을 둔 것을 알 수 있다. 확기란 후왕을 뜻하는 백제말이다. ㅎ이 떨어진 와끼로 일본서기에 나오며 별뗴자로 적는다. 가령 오오진 천황의 실명은 호무다 와께삐로 나온다. 호무다는 고마 곧 공주를 뜻한다. 이 이름만 봐도 오오진 천황은 충남 공주가 그가 다스리던 다무로의 후왕이었음을 알 수 있다.

이미 밝힌 바 확가穫加는 3C 위지 한전에는 획가或加로 나오며 이두풀이는 꼬까이며, 최고 내지 최상을 뜻하는 백제 존칭이다. 확가에서 ㅎ가 떨어지는 와까로 일본서기에는 천황들의 이름에 나오며, 稚 내지 若라고 적고 있다. 가령 유랴꾸 천황의 이름을 若武라고 적고 와까-다께라고 읽는다. 여러 천황의 실명에 "와까"가 붙어 있다. 한편 와께別는 어르신 정도의 존칭으로 일본서기에 나온다.

이 칼글에 나오는 다사기 확기는 현 하동에 있던 다무로의 확기였고, 고마 확기(오오진 천황)와 함께 서기 396년 고구려군 침공 때 왜나라로 망명 간 백제 후왕이다. 한 세대를 20년으로 잡으면 서기 376년 즈음에 이 집안은 다가-히시 곧 영산-창녕에 있던 다무로의 확기였고, 그 앞 세대는 서기 366년 즈음에 고리가리 곧 함창 지방에서 확기였음을 알 수 있다.

서기 369년에 백제의 가야 평정이 시작됐으므로 백제는 서기 346년에 미찌/미추홀을 무찌른 뒤 무력으로 미찌의 옛땅을 차지하면서 서기 364년 즈음에는 이곳 함창에서 가야 평정 작전을 시작한 것을 알 수 있다.

이 다사기 확기 집안은 서기 396년에 동경만으로 흘러드는 아라가와 지방으로 망명, 정착한 것도 알 수 있다.

왜땅에 망명한 곳인 하라고히에서 하라의 ㅎ이 떨어지면 아라가 되고, 고히는 백제말로 내 곧 가와를 뜻하므로 아라가와가 된다. 이들은 동경만 아라가와 강어귀에서 한 세대를 지낸 것이다. 그리고는 20년 뒤에는 가사히리 곧 현 가사하라로 옮겨갔고 그 20년 뒤 서기 436년에는 고지방 곧 교다지 일대로 옮겨가 살다가 서기 471년에 백제 확기로 다시 책봉된 것을 알 수 있다.

이 고화기 집안이 살던 곳마다 이들이 남긴 백제 유습을 볼 수도 있다. 가령 사이따마현 사끼마게 14호 고분에서 나온 토우 내지 지바현 야마꾸라 고분에서 나온 토우를 보면 그 옷차림이 6C 양직 공도의 백제 사신의 옷 모습과 비슷하며, 씨름꾼 토우에 달린 종도 전라도 절터의 전돌에 나오는 씨름꾼과 차림새가 같다는 것이다. 이 망명 집안은 동경만 물구비 따라 동쪽으로 퍼져 갔고, 뒷날에는 군마현까지 세력을 뻗쳐 갈 것을 알 수 있다.

구리거울의 분포에서도 이 집안의 세력이 군마현까지 뻗어 갈 것을 알 수 있다. 이나리야마 고분에서 나온 구름무늬 짐승태 구리거울이 군마현 간노산자 고분, 지바현 오다까 고분 등지에서 나오고 있는 것이다.

이 집안은 게누라고 부리기 시작한다. 게이따이 21년(527) 대목에 나온다. 곧 게누님을 가리켜 규슈 다마나에 있던 다무로 확기의 후손 산꾸시님은 게누님을 두고 "옛적에는 한 솥에서 밥을 먹었으나..." 하고 있다. 게누님이 역시 백제 다무로 출신임을 시사하는 것이다.

이 칼글에서 요점은 고화기가 꼬까이자 위대하신 기로대왕을 모셨고 그 선조 두 분이 백제 확기였고 고구려군이 침공한 396년에 망명 후 두 선조는 확기가 아니었다는 것이다. 여기서 알 수 있는 것은 471년 당시 교다 지방에서 확기였던 조상이 한반도 백제에서 왔음을 알 수 있는 것이다. 특히 396년 즈음에 다사기에서 조상이 확기였고 그 앞 두 선조는 함창과 창녕에 있던 다무로의 확기였다는 것이다. 이것을 통해 백제는 369년에 가야를 평정하면서 다무로를 차리고 확기를 두었고 한 곳에서 한 세대만 확기가 될 수 있는 것도 알 수 있던 것이다. 더구나 396년 고구려 침공 시 고화기의 조상은 다사기 곧 하동의 화기이다가 고마화기(오오진 천황)가 망명할 때 같이 왜땅으로 망명와서 동경만가에서 살다가 동경 북쪽으로 세력을 뻗어 간 것도 알 수 있던 것이다. 그리고 471년에 화기로 복권한 것을 알 수가 있다. 안타깝게도 개로대왕은 475년에 있던 장수왕의 고구려군 침공 때 아차산성 아래서 목숨을 잃는다.

태자와 태후도 이때 목숨을 잃었다고 한다.

여기서 눈여겨 볼 일은 개로왕은 이나리야마 칼글(471)과 에다후나야마 칼글(458)에서 존칭이 대왕이라는 것이다. 심지어 왜나라 유라꾸 천왕도 좌현왕으로 책봉하고 있다는 것이다. 이들 세 곳의 나랏님들을 "왕"이라고 부르는 대왕이었던 것이다.

3부. 고마 시대

9장 문주왕

10장 동성왕

11장 무령왕

3부.
고마 시대

　서기 475년 고구려의 침공으로 빈사 상태가 된 백제는 문주왕이 왕도를 고마 /공주로 옮기고 중흥을 꾀한다. 문주왕은 진씨이며, 개로왕의 외삼촌이다. 오오진 천황의 손자이다. 동성왕과 무령왕은 왜나라 태생으로 백제로 와서 임금이 된 뒤 백제를 되살렸다.

　왜나라를 23년 동안 다스리던 왜왕무가 백제왕으로서 서기 501년에 즉위했고, 스스로를 해나라 대왕이라고 일컬었다.

　무령왕은 스스로 해나라/日十대왕 이라고 일컬었고, 스물두 다무로를 거느렸다. 당시에 왕도는 고마 곧 현 공주에 있었고 일본서기에는 고마나리로 나온다.

9장

문주왕(475~477)

　삼국사기는 문주왕이 개로왕의 아들이자 상좌평을 지냈다고 한다. 그러나 문주왕이 개로왕의 아들이라면 원로 벼슬인 좌평 자리에 있을 수는 없는 노릇이다. 개로왕은 본시 왜왕제였고 일본 서기에는 안꼬 천황이었다. 또한 개로왕의 어머니는 오오진 천황의 손녀인 오시사까 오나까 부인이었다. 이 개로왕 왕모의 아우가 문주왕이라고 일본 서기 유랴꾸 21년 대목의 인용문은 적고 있다. 곧 문주왕은 오오진 천황의 손자로서 진씨이던 것이다.

　삼국사기는 이어서 고구려군의 침공 시 왕도 가나다라 곧 하남을 포위했을 때 문주왕이 신라의 원병 1만 명을 데리고 왔으나 왕성은 이미 무찔렀기에 고마나루/공주로 천도하고 왕위에 올랐다고 한다. 그리고 송나라에 사신을 보내려고 했으나 고구려의 방해로 못 갔다고 한다. 이 해 4월에는 탐라/다마라 나라에서 사신이 와서 방물을 바쳤다고 한다. 탐라는 그 이두 풀이가 다마라이다. 알고 보니 탐라/다마라는 미찌 이주민이

세운 나무이던 것이다.[1]

이어서 삼국사기는 임금 아우 곤지를 좌평으로 임명했고 곧 죽었다고 적고 있다. 이 기사 역시 그릇된 내용인 것이다. 곤지 곧 고니끼는 개로왕의 아우로서 당시 왜왕흥이자 유랴꾸 천황으로 건재하고 있던 것이다.

재위 4년 되는 가을에 병관 좌평인 해구가 사냥 간 왕을 시해했다고 한다. 병관 좌평이 무슨 까닭에 시해를 했는지 그 까닭은 적고 있지 않다.

삼근왕(477~479)

삼근왕은 문주왕의 아들로 13살에 왕위에 올랐으나 재위 2년에 대두성에서 반란을 일으킨 해구를 은솔 진로가 천 명의 병사로 처죽였다고 한다. 그리고는 재위 세 해 만에 돌아갔다고 한다.

9장

1 김영덕 : 미찌/미추홀의 역사, 바히네 출판, 2022, p. 170.

10장
동성왕(479~501)

　삼국사기는 동성왕이 문주왕의 아우 곤지의 아들로 나온다. 사실은 문주왕은 개로왕의 외삼촌이고 곤지왕은 개로왕의 아우로서 유랴꾸 천황이던 것이다.

　문주왕의 시해와 삼근왕이 돌아간 소식이 왜나라에 전해지자 왜 조정은 발칵 뒤집혔다. 뒤에 자세히 밝히지만 개로왕은 귀국전 왜나라의 왜왕제濟 이자 안꼬 천황이던 것이다. 그리고 개로왕의 이름은 가스리였고 곤지/유랴꾸의 이름은 고니끼였던 것이고 이들은 형제 사이였다. 그리고 무령왕의 어린제 이름은 시마이고 서기 462년에 규슈 옆 가까라 섬에서 태어나 작은 아버지 곤지/유랴꾸 밑에서 자랐던 것이다.

　곤지/유랴꾸는 서기 477년에 돌아갔고 그 뒤를 이어 시마 왕자가 왜왕무武로 재위하고 있던 것이다. 이 상황에서 서기 479년에 17살밖에 안 된 왜왕무/시마를 공석인 백제왕으로 보내기에는 망설일 수밖에 없던 것이다. 당시 백제는 문주왕과 삼근왕이 잇달아 죽고 백제는 서기 475년 패전 후 고마/공주로 천도한 지 4년밖에 안 되는 지극히 정세 불안한 상황이었다.

마땅히 시마/왜왕무가 백제로 와서 임금이 되어야 하겠으나 당시 나이 17살인 시마왕/왜왕무는 너무 나이가 어렸던 것으로 판단한 것이다. 왜 왕실은 곤지/유랴꾸의 둘째 아들 마다를 보내기로 결정을 내린 것이다. 시마/왜왕무보다 열 살 이상 나이도 많고 담대하고 지략이 있는 마다 왕자를 백제왕으로 보낸 것이다. 그리고는 쓰꾸시/규슈에 있던 백제 다무로에 500명의 호위병 파견을 요청한 것이다. 이곳에는 서기 458년 이래로 백제 왕족 여기리가 확기이던 다무로이며 왜왕실의 파병 요구를 받아들인 것이다.

즉위한 동성왕이 한 일 가운데 왜 호위병 500명을 나누어 전라 각지의 다무로로 파견하여 이들의 동요를 막고 정치 불안을 줄이려는 정책은 큰 성과를 거두었다. 지방의 동요를 막고 과세나 부역도 이들은 지휘 감독을 했을 것으로 생각되며 불안하던 백제 정세는 안정을 되찾아 갔던 것이다. 큰 국경 분쟁도 없었고 재위 10년에는 남제에 사신을 보내 장군 칭호를 제수 받았다.

7년에는 신라에 친교 사신을 보내고 있다. 천만다행히 큰 국경 분정이 없었다. 이 해 7월에는 궁실을 손보고 우두성을 쌓았는데 부역도 제대로 된 것을 알 수 있다.

이래서 백제 다무로의 동요를 막고 중앙 정부는 내실을 다져갔던 것으로 본다. 규슈에서 온 왜 장수들은 임지에서 삶을 다한 뒤 둥글모난 무덤에 안치됐고 연산강 일대 여러 군데에 있는 이들 무덤이 다짐되고 있는 것이다.

10년 대목에는 위나라가 침공, 이를 크게 이겼다고 삼국사기는 적고 있으나 이것은 중국 사서의 그릇된 기사를 그대로 옮긴 것을 유원재는 밝힌 바로 고구려군의 침공을 위나라의 침공으로 잘못 적은 것이란다.[1] 이 공로를 치하하며 이들 다무로 장수에게 작위 제수를 요청하고 있다. 남제에는 서기 480년, 서기 484년에는 세 번, 488년에는 위나라에 한번, 서기 490년에도 한번 사신을 보내고 있다.[2]

16년 대목에서는 고구려군의 신라 침입때 신라를 도왔다는 기사가 보인다.

20년 기사에는 탐라국의 조공 기사가 있다.

21년 대목은 나라에 가뭄이 들어 백성에 곡식을 베풀라는 간언에도 귀를 막고, 22년 대목에는 임류각을 짓고 못을 파고 진귀한 새를 기르므로 신하가 간언을 했으나 왕은 들어주지 않았다고 한다.

재위 23년 되는 서기 501년에 동성왕도 백가가 보낸 자객의 칼에 목숨을 잃었다. 가림성에 보낸 왕을 백가가 원망하고 저지른 일이란다. 이렇게 동성왕은 빈사의 백제를 다시 일으키는 데 크게 이바지한 것이다. 그런데 이 재위 동안 왜나라는 왜왕무가 다스렸고 이들은 사촌 사이고 가까운 사이라 백제와 왜 사이에 잦은 외교가 있었을 터인데 기록이 없다.[3] 왜왕무의 치세를 말살하면서 일본서기는 네 명의 가공 천황을 꾸며냈고 두 나라 사이의 외교 기사도 전무한 것이다. 다만 일본 고분 가운데 가장 큰 대선릉大仙陵은 세계에서 세 번째로 큰 무덤이며 고고학자들 짐작으로는 5세기 초 전후에 지었다고 한다.[4]

그렇다면 서기 477년에 돌아갔다고 생각되는 곤지/유랴꾸의 무덤일 수밖에 없는 것이다.

왜왕무는 작은 아버지를, 동성왕은 아버지의 왕릉 축조에 힘을 아울러 이 크나큰 무덤을 짓고 작은 아버지 곤지/유랴꾸의 장례를 치렀던 것이다.

그런데 이 무덤의 둥근 부분에서 돌널이 나왔다. 짐작컨대 개로/왜왕제의 주검을 찾으면 모시려고 이 돌널을 마련한 것은 아닐까 짐작해 본다.

10장

1 유원재 : 중국 정사 백제진 연구, 학연 문화사, 1995, p. 301.
2 대한 문화 유산 연구소 : 전방 후원분, 학연 문화사, 2011, p. 199.
3 일본 서기는 동성왕이 된 유랴꾸 천황의 셋째 아들을 가공천황 세이네이로 꾸미고 있다.
4 모리고이찌 : 고대 고분의 세기, 이와나미 서점, 1986.

11장
무령왕(501~523)

무령왕은 서기 462년 태생이고 이름은 사마였다고 묘지는 적고 있다. 사실 무령왕은 개로왕의 아들로 이 해에 규슈 앞 가까라 섬에서 태어났고, 작은 아버지 곤지왕/유랴꾸 천왕 밑에서 자랐다.

서기 477년에 작은 아버지 곤지왕/유랴꾸가 돌아가자 왜왕무로서 왜나라 임금이 됐다. 그는 서기 500년까지 23년 동안 대왜를 다스렸으나 일본서기는 그의 존재를 완전히 말살하고 네 가공 천황 곧 세이네이, 겐소, 닌껜, 부레쓰로 이 치세 기간을 메웠던 것이다. 따라서 왜왕무의 치적은 잘 알 수 없으나 작은 아버지 곤지/유랴꾸의 무덤을 크게 지었는데 이른바 다이센 능이다. 세계에서 세 번째로 큰 무덤이란다. 이 무덤의 둥근 부분에는 돌널이 있어서 아버님 왜왕제/개로왕의 시신을 찾으면 모시려고 마련한 것으로 보인다. 이 왜왕무가 서기 501년에 백제로 와서 무령왕이 된 것이다.

시마 왕자 곧 왜왕무武가 백제로 와서 왕위에 오른 것은 서기 501년이다.

재위 3년 되던 시기 503년에 무령왕은 자기 사촌인 후계자 게이따이 천황 앞으로 이른바 인물 화상경 또는 스다하찌만경을 만들어 신임장 격으로 보냈다.

이 거울에 새긴 글을 이두로 풀이하면 다음과 같다.[1]

"서기 503년 8월 해 땅 대왕년에 나마데 왕이 오시사까 궁에 있을 때 사마가 그의 장수를 빌며 가와찌님과 예인 고마수리등 두 사람을 보내 상동 200간을 써서 이 거울을 만들다."

癸未年八月日十大王年
男弟王在意柴沙加宮時
斯麻念長壽遣開中費直
穢人今州利二人等
取白上同二百旱作此鏡

여기서 오시사까 궁은 현 사꾸라이시 오사까에 있었다고 한다. 해나라/해땅 대왕 곧 무령대왕이 오시사까 궁의 나마데님의 장수를 빌며 두 사람을 보내 최상의 구리로 이 칼을 만들었다는 것이다. 남제男弟를 일본서기는 오오도라고 적고 있다.

이 거울에 새긴 글을 봐서 곤지왕 곧 유랴꾸 천황의 셋째 아들이 왜왕 무를 이어서 게이따이 천황이 된 것을 알 수 있다. 게이따이 천황의 실명이 나마데 이며 일본식 이두풀이로 오오도이던 것이다.

서기 503년에 만든 양직공도는 양나라 황제의 축하연에 더불은 사신들의 화첩이다. 여기에 백제 사신도 들어있고 여기에 적힌 백제의 약사에서 당시 백제는 22 다무로가 있던 것을 알 수 있다.

  삼국사기를 보면 2년, 6년, 7년 등 기사에서 백제는 북방에서 전투를 자주 한 것을 알 수 있다. 그런데 백제는 이 시기에 남쪽으로도 군사 활동을 하던 것을 일본서기는 적는다.

  재위 10년 때(510) 백제는 임나에 있던 원 백제 사람을 찾아 3, 4세대까지 거슬러 찾아내 본국으로 보내 오고 있다.[2] 임나라가 지방에 있던 옛 백제 사람을 찾아 백제로 돌려 보낸 것을 보면 이 땅이 백제땅이 된 것을 알 수 있다. 세 해 뒤에는 임나의 네 고을을 백제가 차지한 것을 게이따이 6년 대목은 전한다.

  그런가 하면 13년(519)에 백제가 남원(기문)과 하동(다사)도 되찾은 것을 게이따이 7년 기사에서 알 수가 있다.

  대가야는 그동안 이 남원과 하동을 차지하고 섬진강을 거쳐 바다길로 왜나라와 교역하며 부귀를 누려왔으며 대가야로서는 큰 타격이던 것이다. 같은 해 13년(519)에 백제는 오경박사 단양니를 왜나라에 보낸다.[3] 왜 백제는 유교를 왜나라로 전했을까?

  오경박사 제도는 한무제 때 생겨 주역, 상서, 시경 예기, 춘추 등 다섯 경서를 전문하는 유교 교육제도이다. 서기 504년에 건국한 양나라는 오경원을 세워 오경박사 교육에 힘썼다. 아마도 백제에도 이 오경박사제도가 있었던 듯 하다. 그리고는 3년마다 오경박사를 교체했다. 왜왕이었던 무령왕은 이 오경박사와 아울러 유교가 왜나라 발전에 이바지할 수 있다고 생각했던 것이겠다.

  백제는 서기 384년에 불교를 도입하고 가나다라 왕도에 천왕사라는 절까지 세웠으나 유교도 성했던 것이다.

21년(521) : 백제는 제나라에 사신을 보냈다. 그리고 영동 대장군이라
는 칭호를 받았다.
23년(523) : 임금이 돌아가시자 시호를 무령으로 했다. 아마도 왜왕무
의 무와 영동 대장군의 영을 아울러 무령이라는 이호를
지은 것으로 보인다.

무덤과 유품[4]

1971년에 발굴된 무령왕릉은 여러모로 우리나라 고고학계의 위대한 발굴이었다. 유일한 지석은 무덤의 주인공을 다짐했고 100여 종 3,000점이 넘는 유품은 백제의 역사, 문화를 밝혀 주는 귀중한 것들이었다.

이름 사마斯摩는 중고음이 시마다. 칠지도에 있는 소마에서 유래됐다고 본다. 성스러운 군주라는 뜻이라고 보며, 일본말 존칭 사마의 뿌리라고 본다. 이 사실만으로도 무령왕은 왜 나라 태생임을 실감한다. 더구나 널棺 자체도 일본산 고유나무이며 귀인용이라는 데서 또 한 번 사마왕이 왜나라의 임금이었음을 알 수 있다.

전돌로 지은 무덤벽에 새긴 사신도는 구리거울의 사신도와 아울러 당시 백제의 사상을 엿볼 수 있을 것 같다. 또한 부인의 팔찌에 새긴 대부인 이란 글귀는 무령왕이 왜왕이었고 원부인이 당시에 왜나라에 있었음을 알려준다.

이 무덤에서 나온 유품에서 우리는 백제가 누리던 최고 미술을 엿볼 뿐 아니라 역사의 실상을 알 수 있던 것이다.

왜왕무가 왜나라 임금일 때인 서기 477년에서 서기 500년까지 23년 동안 가공천황의 치적 기사는 거짓으로 차 있다.

우선 세이네이(480~485)의 경우 유랴꾸 천황의 첫째 아들로 나온다. 우리가 밝힌바 곤지왕과 유랴꾸 천황은 한 사람이던 것이다.

일본 서기에 곤지왕의 둘째 아들을 백제로 보내 동성왕이 됐다고 하지만 실제로 유랴꾸 천황의 둘째 아들이던 것이다. 그런데 세이네이가 유랴꾸의 맏아들로 나오며 분명히 가공일 수밖에 없다. 그리고는 안꼬를 죽인 마요와의 두 아들 워께와 오께 왕자를 찾아내고 각각 겐소와 닌껜 이라는 천황이 됐다는데 이들 역시 꾸민 왕자들이던 것이다. 유랴꾸 천황이 죽인 마요 왕자의 아들들이 숨어 있는 것을 찾아내고 천황이 된 황당한 이야기인 것이다. 이 두 왕자 이야기는 꾸민 이야기이던 것이다.

그 다음 부데쓰는 가공 닌껜 천황의 아들이라니 이 역시 가공 인물이던 것이다. 다만 겐소 3년(487) 기사에서 임나에서 난동을 부리던 왜인 무사들을 동성왕이 무찌르고 이곳의 성을 수리했다는 기사는 믿을 만하다.

이어서 무령왕이 이곳에 살던 백제 사람들을 3, 4세대까지 거슬러 추적해서 귀국시켰다는 기사가 게이따이 6년(512) 대목에 보이기 때문이다.

그리고 보니 가공 천황이 두 명 더 있다. 안깐천황(534~535)와 센까천황(536~539)이다. 그 근거는 게이따이 25년 기사에 인용된 백제 본기의 다음 글이다.

"(게이땅이) 25년 3월, (백제는) 진군해 아라에 이르러 걸돈성을 쌓았다. 이 달에 고구려는 안장왕을 시해했다. 또 듣자니 일본의 천황과 황태자, 황자가 다 죽었다."

곧 게이따이 25년(531)에 두 왕자가 동시에 죽었다는 것이다. 그런데도 두 왕자는 안꼬와 센까 천황으로 살아 나오고 있는 것이다. 이 두 천황 역시 가필이 아닐까? 그 열쇠는 이와이 난리이던 것이다.

이와이 난리[5]

태자와 왕자가 동시에 서기 531년에 왜 죽었을까?
분명히 누가 죽였던 것이다. 왜 죽였을까? 누가 죽였을까?
이 수수께끼를 푸를 당시 왜나라 정세는 이렇다.
서기 352년에 가나/금관 나라가 신라에 투항하기 전 왜나라 조정에서는 이 사태를 막으려고 지원군을 임나로 보내고자 했다. 곧 게누군을 파견할 작정이었다. 게누 장수는 고화기 집안이 커지면서 세력가로 떠오른 집안이며 관동 일대에서 주름잡던 집안이다.
고화기 집안은 세력이 커지면서 내분이 생기고 일부가 대왜 세력에 흡수되면서 이 게누군이 가나/금관 나라 구원에 나선 것이다. 왜나라 조정에서는 규슈에 있는 이와이 나라에 출전을 요구했으나 거절당한다. 이와이 나라는 규슈 다마나에 있던 백제 다무로가 독립하여 나라가 커지면서 북규슈 일대를 거느리던 나라가 된 터이다. 곤지와아/유랴꾸 천황 당시에는 500명이나 되는 호위군을 보냈지만 이제는 호락호락 말을 잘 듣는 나라가 아니었다.

이러한 난처한 상황에서 긴메이 왕자와 다른 두 왕자 사이에 이와이를 토벌할 계획에서 찬반 격론이 있었던 모양이다. 대왜 나라의 운명이 걸린 파병문제로 긴메이 왕자와 두 왕자 사이에 격렬한 의견 대립이 있었던 것이 상정된다.

아마도 이때 긴메이 왕자의 거사로 두 왕자가 죽은 것이 아닌가 짐작해 볼 따름이다. 게누군을 임나로 보내는 대신 이와이군 토벌로 국운을 건 내전이 일어난 것이다. 요행히 모노노베 장수가 이끄는 평정군은 3년 고전 끝에 승리를 거둔다. 이렇게 해서 대왜의 통치 영역은 규슈까지 뻗어간 것이다.

다음에 왜왕무의 존재를 밝히면서 아울러 중국 송나라의 국서가 오간 왜 五왕 이야기를 적어본다.

다섯 왜왕

5세기에 중국사서에 나타나는 왜왕들은 어느 천황인지 역사가들은 궁금해 왔다. 그동안에 모든 일본 역사 학자들은 왜왕무武가 유랴꾸 천황이라고 여겨왔으나 이것은 그릇된 주장인 것이다.

우선 왜왕무는 중국 사서에 보낸 왜나라 상표문을 보면 서기 447년부터 서기 501년까지 왜나라의 임금이었음을 시사하는 것이다. 그리고 이 무왕의 재위 동안을 일본서기는 가공 천황 네 명으로 메우고 있던 것이다. 이제 왜왕무 외에 상표문을 보낸 왜왕 네 명은 또 어느 천황인지 알아보기로 한다. 중국 사서에 나타난 왜왕들의 기록은 다음과 같다.

중국사서의 왜왕 기록

1. 서기 413년 : 동진에 방물 바침
2. 서기 421년 : 왜 찬讚에 제수
3. 서기 425년 : 왜 찬이 사신 보냄
4. 서기 430년 : 왜 왕 사신 보냄
5. 연대 미상 : 찬이 죽고 아우 진珍이 서다
6. 서기 438년 : 왜 왕 진에 제수
7. 서기 443년 : 왜 왕 제濟에 제수
8. 서기 451년 : 왜 왕 제에 제수
9. 연대 미상 : 왜 왕 제가 죽고 세자 흥興이 사신 보냄
10. 서기 460년 : 왜 왕 사신을 보냄
11. 서기 462년 : 왜 왕 세자 흥에 제수
12. 연대 미상 : 왜 왕 흥이 죽고 아우 무武가 섬
13. 서기 477년 : 왜 왕 사신 보냄
14. 서기 478년 : 왜 왕 무에 제수
15. 서기 479년 : 왜 왕 무에 제수(남제)
16. 서기 502년 : 왜 왕 무에 제수(양)

이 연표에서 알 수 있는 바로는 왜왕무가 서기 477년부터 서기 500년까지 왜나라를 다스렸다는 것이다. 위 13항에서 왜왕무는 선왕이 돌아갔음을 송나라에 알리는 사신을 보낸 것이다. 그리고 15항에서 왜왕무는 479년에 남제 건국에 축하사절을 보냈고 501년에는 백제로 와서 무령왕이 된 것이겠다.

14항에서 왜왕무가 보낸 상표문(478)에서 그 아버지가 왜왕제濟이자 개로왕인 것을 알 수 있던 것이다.[5]

7, 8항에서 왜왕제가 서기 443년에서 서기 451년 이후까지 왜왕이였음을 알 수 있고 이 당시에 안꼬 천황이 재위했으므로 왜왕제는 안꼬 천황이던 것이다.

일본서기는 안꼬 재위가 서기 454년에서 서기 456년까지라며 왜왕제와 안꼬 천황의 재위 기간이 일부 겹치고 있다.

일본서기는 안꼬 천황이 서기 456년에 시해됐다고 하지만 안꼬 천황은 왜왕제로서 어엿이 살아 백제로 와서 서기 455년에 왕이 되고 있는 것이다. 일본서기에 안꼬 천황과 유랴꾸 천황은 형제로 나오며 안꼬 천황이던 개로왕의 아우가 곤지왕이므로 유랴꾸 천황이 곤지왕이던 것이다.

그러나 일본서기는 곤지와 유랴꾸가 다른 사람인 것처럼 적고 있으나 이것은 가필이던 것이다. 따라서 10항과 11항에서 왜왕흥이 왜왕제의 세자로 나오나 이것도 분명한 가필이며 왜왕흥은 왜왕제의 아우이던 것이다.

다시 적거니와 왜왕흥은 왜왕제의 아우이며, 곤지왕이자 유랴꾸천황이던 것이다. 그리고 왜왕무가 왜왕흥 곧 유랴꾸 천황을 이어서 왜나라를 서기 477년에서 서기 500년까지 다스렸던 것이다. 일본서기는 왜왕무의 치세를 없애려고 이 동안을 네 가공 천황 세이레이, 겐소, 닌껜, 부레쓰로 메우고 있는 것이다.

더구나 세이네이는 유랴꾸의 첫째 아들로 나온다. 더구나 겐소와 닌껜 형제는 유랴꾸 천황이 죽였다는 마요와 왕자의 두 아들이라는데 이것 또한 거짓이던 것이다. 부레쓰는 그짓 임금 닌껜의 아들이라서 이것 또한 가공이던 것이다.

일본서기는 왜왕무의 치세를 말살하려고 황당한 네 명의 천황계보를 꾸며낸 것이다. 이것을 곧이곧대로 믿는 일본 역사가들은 왜왕무를 유랴꾸 천황으로 보는 그릇된 주장을 하고들 있는 것이다.

한편 8항에서 상표문에 왜왕제와 왜왕진 사이의 친족관계가 적혀있지 않다는 것이다. 왜왕찬과 왜왕진은 형제이고 왜왕제와 왜왕흥도 형제사이인데 이 두 형제 사이에 친족관계가 중국 사서에 적혀 있지 않다는 것이다.

이것을 도마 세이따는 그의 저서 왜오왕에서 밝히고 있다.[6] 왜왕찬과 왜왕진은 오오진 천황의 손자로 진씨이다. 왜왕제와 왜왕흥은 비유왕의 아들로서 여씨이던 것이다.

일본서기는 앞 형제의 아우가 인교 천황이며 이 인교 천황의 두 아들이 안꼬와 유랴꾸란다. 하지만 상표문 연표에서 보듯이 6항과 7항에서 왜왕위가 진에서 제로 직접 가고 있고 그 사이에 인교 천황의 치세가 낄 틈이 없다. 곧 인교 천황은 가공이던 것이다.

인교는 안꼬와 유랴꾸 형제의 아버지라고 일본서기는 적고 있는데 실제로는 비유왕이며 서기 427년에 백제로 가서 왕이 되어 있기 때문에 인교가 비유일 텐데 동시에 왜왕 인교일 수는 없으며 인교는 어느 모로 보나 가공이던 것이다.

곧 다섯 왜왕이란 찬, 진, 제, 흥이며 각각 리쮸, 한세이, 안꼬, 유랴꾸, 무왕에 해당하는 것이다.

여기서 한 가지 궁금한 수수께끼는 어떻게 여씨인 왜왕제 곧 안꼬 천황이 진씨인 왜왕진 곧 한세이 천황을 이어 왕위에 오를 수 있었는가 하는 것이다.

일본서기는 이 왕위 계승에 관해 아무 말이 없다.

추측이지만 전지왕이 왜땅에 가 있는 7년 동안에 서자 비유왕을 낳았으며 아마도 오오진 천황의 왕녀 사이에서 낳았지 않았나 미루어 본다. 그 비유왕의 두 아들이 가스리와 고니끼이며 각각 왜왕이 되는데 이들 어머니가 오시사까 오나까 부인이며 오오진 천황의 손녀라고 일본서기는 적고 있다. 곧 안꼬와 유랴꾸는 백제 전지왕의 손자이자 오오진 천황의 외손자이기에 천황 자리에 오를 수 있지 않았나 생각해 본다.

마지막으로 1항에서 상표문은 어느 천황인가 염두에 두게 된다. 서기 413년에 첫 상표문을 보낸 왜왕은 오오진 천황이 아닌가 미루어 본다.

왜왕문의 상표문(418)에서 조녜組禰가 나라를 평정한 것으로 나오며 녜가 오오진 천황의 이름일 것으로 보는 것이다.

연대 413년은 오오진 치세에 해당하고 아마도 동진에 백제 사신이 413년에 갔으므로 이때에 동행한 것으로 보인다.

이제 위 네 가공천황의 가필 기사를 조금 더 자세히 살펴본다.

유랴꾸 첫 대목에 적힌 글이다.

마요와 왕자는 그 아버지를 죽인 안꼬 천황을 죽였다고 한다. 이것을 알게 된 유랴꾸 천황이 이 마유와 왕자를 죽였다고 한다. 이 마유와 왕자에게는 두 아들이 있었고 숨어 살다가 뒷날에 겐소와 닌껜 천황이 됐다고 일본서기는 적고 있다.

그런데 위 상표문 연표를 보면 이 두 가공 천황의 치세 기간인 서기 488년과 서기 498년 사이에 왜왕무가 송나라에 상표문을 보낸 시기이며 따라서 겐소와 닌껜은 가공 천황임을 알 수 있던 것이다. 또한 세이네이 천황은 유랴꾸 천황의 맏아들이라지만, 왜 게이따이 천황이 유랴꾸의 셋째 아들이 됐는지 의문이 생긴다.

더구나 부레쓰 천황이 재위했다는 기간 서기 500년에서 서기 506년에는 이미 게이따이 천황이 서기 500년부터 즉위한 것을 삼국사기에서 무령왕의 즉위 연도가 서기 501년이고 서기 503년에는 인물 화상경을 남제왕 곧 게이따이 천황 옆으로 보낸 사실을 봐서 부레쓰 천황 역시 가공이던 것이다.

상표문 연표 7항과 8항에서 왜왕제는 서기 443년 이전에서 서기 451년 이후까지 살아있고 삼국사기는 왜왕제 곧 개로왕이 서기 455년에 즉위한 것으로 봐서 안꼬 천황(454~456)이 왜왕제이자 개로왕이 된 천황임도 알 수 있는 것이다. 마요와 왕자가 안꼬 천황을 죽여서 유랴꾸 천황이 마요와 왕자를 죽였다는 일본서기 기사는 가필이던 것이다.

11장

1 소진철 : 금석문으로 본 백제 무령왕의 세계, 원광대학 출판국, 1994.
2 우지다니 쓰도무 역 : 일본서기, 강담사 문고, 2013, p. 351.
3 우지다니 쓰도무 역 : 일본서기, 강담사 문고, 2013, p. 353.
4 편집 : 공주, 국립 공주 박물관, 1999.
5 우지다니 쓰도무 역 : 일본서기, 강담사 문고, 2013, p. 358.
6 도마 세이따: 왜$_{\text{五}}$왕, 암파문고, 1982, 24쪽

4부. 소부리 시대

- **12장** 성왕
- **13장** 위덕왕
- **14장** 무왕
- **15장** 의자왕

4부.
소부리 시대

　소부리는 부여의 옛 이름이다. 불교를 믿던 성왕은 왕도를 서기 538년에 고마에서 소부리로 옮긴다. 익산에 세운 미륵사는 그 크기로 유명하며 바위 동산을 갖춘 익산 별궁터는 미륵의 이상세상을 꿈꾸던 무왕의 꿈이 서린 곳이란다. 의자왕 20년(660)에 백제는 멸망한다. 그 뒤 3년 동안 분투하던 부흥전도 왜의 원군에도 당과 신라의 연합군에게 패망한다. 그러나 여씨인 왜왕실은 오늘날까지도 건재하며 일본 왕실은 백제 여씨 혈통을 이어가고 있다.

12장
성왕(523~554)

    성왕은 무령왕의 아들이다. 무령왕은 젊어서 왜왕무였을 때 이미 아들이 있었고 왜나라에 두고 온 아들 집안은 야마도 씨성의 집안으로 이어졌다.
    재위 첫해 고구려군이 쳐들어 와서 패수에서 이를 물리쳤다. 2년에는 양나라에 사신을 보냈고 장군 칭호를 제수 받았다.
    이해 2월에는 신라와 교빙했고 10월에는 고구려군이 쳐들어 와서 이를 막아냈다. 12년에는 양나라에 다시 사신을 보냈다. 이 양 나라는 불교로 이상국가를 세우려던 나라이며 그 영향을 받았는지 성왕은 고마/공주에 대통사라는 절을 짓기로 했다. 현재는 당간만 남아있다. 대통은 양나라의 연호이다.
    성왕은 겸익 스님이 인도에서 귀국하자마자 불전을 번역시키고 있기도 하다. 이같이 불교 신앙에 깊은 믿음을 가진 성왕은 이 불교를 왜나라에도 전수한다.[1] 이 불교 공식전수는 일본서기는 551년이라지만 정확히는 서기 538년의 일이란다. 성왕은 달솔 누리시찌게를 왜나라로 보내 금동 불상 하나, 번개 몇 장, 불경 몇 권을 보내면서 따로 글을 보내고 부처를 예배하는 공덕을 적고 불법은 가르침보다 좋은 가르침이라고 역설했다. 그리고 이어서 알기 쉽지 않고 받아들이기 어려우나 주공이나 공자도 몰랐던 가르침이고, 무상의 본지를 간직한 보물이다. 먼 인도에서 삼한까지 불교를 경배하고 있다. 그래서 누리시찌를 보내서 부처님 가르침을 전해 드리고자 하는 것이다라고 전해왔다는 것이다.

이에 긴메이 천황은 기뻐서 어쩔 줄 몰랐으나 혼자 정할 수는 없다며 대신 소가 이나메와 모노노베 오꼬시 등에 불교 수용 여부를 물었다.

이에 모노노베는 조상 대대로 믿어오던 신들을 저버릴 수 없다며 배불을 역설했고, 소가씨는 모든 나라가 믿는 이 불교를 우리만 외면할 수 없다는 불교 수용론을 제창되면서 숭불파와 배불파의 치열한 논쟁이 시작된 것이다.

12년(534)에는 양나라에 조공 사절을 보냈다.

16년(538)엔 사비로 천도했다. 그리고 나라 이름을 남부여라 했다.

19년(541) 양나라에 사신을 보내 모시 박사, 경전과 아울러 공장, 호사들을 청하여 구해 왔다.

27년(549) 10월에 양나라에 사신을 보냈는데 마침 왜구로 왕도가 쑥밭이 되어 사실이 눈물을 흘리지 않을 수 없었다.

29년(551) 백제는 신라와 함께 고구려가 차지하고 있던 한강 일대의 성을 다시 찾고 한강 상류에 있는 성들은 신라가 차지하고 한강 하류에 있는 선들은 백제가 차지했다. 그러나 신라는 곧 한강 하류의 성들을 백제로부터 가로챘다. 이에 분노한 백제는 복수를 다짐하고 반격

준비에 나섰다. 여기서 참고될 글이 일본서기 긴메이 12년(551) 봄 3월 대목이다.

"봄 3월에 보리 1천석을 백제왕에게 보냈다. 백제는 신라와 임나와 아울러 고구려를 치고 한성을 되찾았다. 그리고 평양을 치고 6고을을 되찾았다."

긴메이 13년(552) 여름 4월 대목에서 적기를 "고구려와 신라가 연합하여 우리나라와 임나를 없애려 합니다. 구원군을 보내 주시고 불상사가 안 나도록 바랍니다. 군병의 수효는 알아서 정하십쇼."
이 글을 보면 신라는 한강 상류의 성들을 차지한 지 한 해도 안 되어 한강 일대의 성을 백제가 차지한 성도 아울러 다 차지한 것으로 보인다. 긴메이 14년(553) 봄 1월에 백제는,

"두 사신을 보내 원군을 청했다."

이해 6월에는 사신을 백제에 보내면서 좋은 말 2필, 배 두 척, 활 50개, 화살 50×2500개를 보냈다. 그리고 원군은 알아서 부리시라고 했다.
아울러 의박사, 역박사, 달력 박사를 교대로 보내 주기를 바라고 달력과 각종 약도 보내 줄 것을 부탁한다고 적고 있다.
겨울 10월 20일 대목에서 적기를,

"백제 왕자 여창은 전군을 이끌고 고구려 나라로 가서 나리들 성책을 쌓고 병사와 함께 숙식을 했다. 기름진 들판이 펼쳐져 있고 인기척

도 없고 개 짖는 소리도 없었다."

그런데 갑자기 북소리가 나기에 여창도 북소리로 맞섰다. 밤새 굳게 지키며 날이 새자 그런데 갑자기 북소리가 들려왔다. 여창은 크게 놀라며 북을 치며 맞섰다. 아침이 돼서 깃발이 산더미처럼 가득 있었다. 그러자 투구를 쓴 자가 한 명, 나팔수가 2명, 표범 꼬리를 찬 2명이 가지런히 오더니, "우리 들판에 손님이 왔으니 인사를 드립니다. 예절 따라 대 성명을 알려 주세요."라고 했다.

여창은 가로되 "성姓은 고구려와 같은 부여이고 벼슬은 간솔, 나이는 29살이요"라고 했다. 그럼 그대는 누구냐고 묻자 앞에서 말한 대로라고 했다.

그러자 서로 깃발을 나부끼며 싸웠다. 싸움 끝에 고구려 군을 동성단 위로 쫓아 보냈다.

긴메이 15년(554) 봄 1월 대목을 보면, 원군 수는 천 명, 말 백 필, 배 40척을 보내겠다고 한다.

이 와중에도 오경 박사를 교체하고 스님의 교체가 있었고 역 박사 달려 박사, 의 박사, 약사, 약사의 교체와 내방이 있었다. 왜 지원군은 6월에 도착했고 12월 9일에 신라를 공격했다.

우선 관산성을 쳤다. 쓰꾸시 군의 와까나는 불화살을 잘 쏘며 9일 저녁에는 관산성을 무찔렀다. 그런데 신라뿐 아닌 고구려군의 합세로 사정이 어렵게 됐다. 쓰꾸시의 군사도 보내 달라는 청원이 있었다.

삼국사기는 관산성 전투 직전의 정황을 다음과 같이 전한다.

"여창이 신라를 칠 것을 묻자 중신들은 간언하며 이제는 아직 때가 아닙니다. 아마 화만 생길 것입니다."라고 말했다. 하지만 여창은 "노인들이여 걱정 마세요. 왜군이 도와주고 있지 않습니까. 뭣이 두렵습니까." 하며 신라 땅으로 쳐들어가 성채를 쌓았다. 부왕은 걱정을 하며, "아들 여왕이 전쟁에 지쳐 침식도 말도 못하고 있다. 아비로서 자애를 못다 하고, 아들이 효도를 못 하는 지경이다. 내가 가서 위로해야겠다."고 생각했다. 그리고 스스로 가서 위로하기로 했다.

　신라는 성왕이 스스로 오는 것을 알고 전군을 풀어 길을 막고 덮쳤다. 마부이던 고도는 "이 천한 놈이 그 유명한 임금님을 죽이려 한다. 후게 사람은 이것을 잊지 않을 것이로다."

　이렇게 성왕은 천한 마부 손에 목숨을 잃었다. 성왕의 참수 소식에 백제군은 요동하며 무너졌다. 포위된 여창을 구한 것은 쓰꾸니의 명사수의 활약 덕분이며 여창은 간신히 포위를 뚫을 수가 있었다. 이 전투에서 살아남은 백제군은 몇 명밖에 안 됐다. 부왕을 잃은 여창은 죄책에 왕위를 사양, 출가를 고집했다. 그러자 신하의 간곡한 요청에 민간 100명이 출가하면서 그는 왕위에 올랐다.

12장

1 우지다니 쓰도무 역, 일본서기(下), 강담사 학술문고, 2013, p. 35.

13장
위덕왕(554~598)

2년(555) 봄 2월에 위덕왕은 아우 혜왕을 왜나라로 보내서 성왕의 죽음을 전했고 왜왕은 애도했다. 왜나라 대감들이 혜왕에게 묻기를 왜 이런 안타까운 일이 일어났냐는 말에 혜왕은 우매하기에 나도 모르겠다고 했다. 어떤 이는 또 말하기를 이것은 옛부터 믿던 신령을 저버렸기 때문이라면서 신령을 잘 모시면 나라가 다시 잘될 거라고도 했다.

3년(556)에 혜왕자는 귀국길에 오른다. 많은 무기, 좋은 말도 선물 받고 배편은 쓰구시네 군선을 이용했다. 호위에는 쓰꾸시의 히나라님이 맡았다.

일본서기는 서기 557년 봄 3월에 위덕왕이 왕위에 올랐다고 적고 있다. 557년에는 신라가 아라 나라의 영토 안에 있는 파사산에 성을 쌓았다고 하므로 이 해에 아라나라는 망한 것으로 짐작이 되고 있다.

앞글에서 쓰꾸지님이라지만 쓰꾸시 나라는 이와이 난리 때 토벌된 나라로 원래 지꾸젠, 지꾸고, 후젠, 붕고, 히젠, 최고라는 여섯 고을을 다스리던 큰 나라였다. 이 스꾸시 나라는 이미 서기 531년에 토벌됐기에 혜왕자의 후위에 왔다는 쓰꾸시 군선이 누구 것인지 잘 알 수는 없다.

위덕왕은 8년 7월에 신라 변경을 쳤다가 졌고 14년에는 진나라에 조공 사신을 보냈다. 17년과 18년에는 고주에 사신을 보냈고 19년에는 제 나라에 사신을 보내고 있다. 24년에는 진나라에 사신을 보냈고 11월에는 우문주에 사신을 보냈다. 25년에도 우문주에 사신을 보내고 있다. 그리고 28년에는 수나라에 사신을 보냈고 29년에도 수나라에 사신을 보내고 있다. 31년과 33년에는 진 나라에 사신을 보냈다. 36년에는 다모라 나라에서 온 배가 표류해 온 것을 수나라로 보냈다고 한다. 끝으로 45년에는 수나라에 사신을 보내 고구려 침공식 길 안내를 하겠다고 하니 수는 사양했다는 것이다. 수나라의 고구려 침공에 갈라잡이를 백제가 자청했다는 소식이 고구려에 알려지자 분격한 고구려는 서기 586년 일이다. 당시 위역왕은 고령이고 태자 아좌는 왜나라에 가 있었기에 왕의 아우의 아들 효순 왕자가 국방에 나서 공을 세웠다. 마침 위덕왕이 돌아가자 실권을 가진 효순왕자가 자기 아버지를 밀어 혜왕이 왕위에 올랐으나 2년 만에 돌아간다. 그 뒤를 이어서 효순태자가 법왕이 된다. 이 왕위 계승에 암투가 있었는지 태자 아좌와 아우 임성 왕자는 왜나라로 망명했다.

이 임성 왕자의 자손은 왜나라 야마구찌 고을 일대를 거느리는 오오우찌 가문으로 거듭나서 세도를 부렸다. 이 오오우찌 영주는 1551년에 천주교 포교를 허용했다. 전성시대에는 스호, 죠몬, 후젠, 지꾸젠, 이스모, 기이 각 지방 등 일곱 고을을 거느리는 큰 집안이었다.

14장

무왕(600~641)

    법왕이 2년 만에 돌아가자 그 아들 장이 무왕이 되다.
    3년 때 신라와 가진 국경 분쟁에 4만이라는 군대를 보내 신라군과 싸우기도 했다. 7년에는 수나라에 사신을 보냈다. 13년에는 수나라가 고구려를 침공할 때 그를 돕는다고 군을 보내 국경을 굳게 지키도록 하기도 했다. 25년 봄에는 당나라에 사신을 보냈다. 신라와의 분쟁을 이어갔고 당시는 다시 사인을 보낸 것은 32년 되는 해이다. 35년 봄에는 왕흥사가 완공됐다. 법왕이 죽은 아들을 위해 짓기 시작해서 이 해에 완공이 된 것이다. 이 절을 강가에 졌고 화려하게 꾸며져 왕이 자주 배를 타고 건너가 이 절에서 향을 피웠다고 한다. 그리고 3월에는 궁남쪽에 못을 파고 물을 20리 밖에서 끌어와 됐다. 사방 언덕에는 버들을 심었고 못 가운데에는 섬을 쌓아서 밤장선산에 비겼다. 37년에도 당에 사신을 보냈다. 이 해 3월에 왕은 좌우 신하를 거느리고 사비하 북포에서 잔치와 뱃놀이를 즐겼는데 이곳은 양안에 기암괴석이 늘어섰고 아름다운 꽃이 가득해 그

림과 같았다고 한다. 왕은 술을 마시며 거문고를 타며 스스로 노래를 하며 신하는 춤을 추었다고 한다. 사람들은 이곳을 대왕포라고 했다. 40년에는 자제가 당의 국학에 들어가기를 요청하기도 했다.

무왕은 왕비의 발원으로 미륵사를 짓기 시작한 지 35년 만에 서기 639년에 미륵사를 완성했다고 한다. 동양 최대라는 이 미륵사는 미륵불, 중문탑, 금당, 당우, 회랑을 세 개씩 세워서 장차 오실 미륵불이 세 번 설법하는데 대비했다고 한다.

좌우 탑은 석탑, 가운데 탑은 목탑이었다. 미륵 신앙은 당시에 백제뿐 아니라 신라와 왜나라에서도 유행했고 전륜왕을 이상으로 믿던 성왕처럼 무왕도 불교를 이 세상에 실현코자 힘을 다했다. 미륵사 서쪽 못에서 나온 목간은 백제와 일본말의 수사가 상관됐음을 알려 주고 있다.

왕흥사의 배치는 중문, 탑, 금당, 강당이 남북으로 줄섰다. 이 목탑은 오층탑이다. 배터에서 중문까지 이르는 길도 찾아냈다. 목탑의 심초석에 있는 사리공에서는 사리탑, 청동 함, 은 항아리, 금뱅이 나왔고, 사리함 뒷면에는 29자 글이 새겨져 있는데 법왕이 죽은 왕자를 위해 세운 내력이 적혀 있었다.

심초석 남쪽에서 나온 숱한 공양물 가운데는 아주 얇은 운모 연꽃, 구슬에 구멍내 꾸미개 등 진귀한 공예품이 가득했다.

무왕은 여러 차례 수와 당나라에 사신을 보냈고 왜나라에도 사신을 보냈다. 궁남지를 지었고 풍광 좋은 왕흥사에서 향을 올렸고 대왕포에서는 아름다운 물가에서 뱃노래에 넋이나 춤을 즐기기도 했단다.

왜나라 불교의 발흥

서기 589년 7월, 숭불파 소가 우마꼬는 배불파 모노노베 모리야를 무찔렀다.[1] 이에 왜나라 불교는 날개를 달고 발흥했다. 소가는 모노노베와 싸우던 난중에 부처에게 빌면서 전쟁에 이기면 절을 짓겠다던 맹세대로 사천왕사를 셋산에 지었다. 또한 소가새는 아스싸에 법흥사 곧 아스까 절을 세우고 있다.

백제는 이때 사신과 더불어 중 세 명, 불 사리를 보내왔다. 그 밖에 절 짓는 목수, 로반 박사, 기와 박사, 화공을 보내왔다고 한다.[2]

소가 우마꼬 대감은 백제 스님에게 불법을 배울 비구니를 딸려 보내기도 했다. 그리고는 법흥사를 지었다. 세 해가 지나 백제서 돌아온 비구니 선신은 사꾸라이 절에 살게 됐다. 이 해에 법흥사에는 잇달아 많은 비구니가 잇달아 출가했다고 한다. 서기 593년이 되자 나니와/오사까에는 사천왕사를 세웠다. 이 절을 지으러 온 백제 목수 세 명 가운데 한 사람의 후손이 오늘날까지도 이 절 가까이 살면서 신사나 절의 목수일을 이어가고 있단다.

서기 603년에 처음으로 신라가 왜나라에 사신을 보내고 있다. 나라시에 세운 호류지 절은 세계 최고 목조 건물로 유명하다. 서기 588년 즈음에 병이 낫도록 천황이 절을 짓겠다는 말에 촉발된 배불파과 숭불파 사이의 논쟁이 격화되다가 서기 589년 숭불파가 배불파를 타도하면서 호류지 절의 건축도 추진됐다.

이 절에는 유명한 오중 목탑과 금당 벽화가 유명하다. 이 벽화는 고구려 담징 스님이 그렸다고 한다. 이 그림은 중국 운강 석불 그리고 경주 석불암과 더불어 三대 동양 미술품으로 유명하다.

14장

1 우지다니 쓰도무 역, 일본서기(下), 감당사 문고, 2012, p. 78.
2 상동 : p. 82.

의자왕(641~660)

무왕의 맏아들인 의자왕은 부모를 잘 섬기고 형제를 잘 우앴기에 해동 증자라고 칭송됐다.

한편 일본서기는 642년 대목에서 선왕의 서거에 조문사로 온 백제 사신이 백제에 큰일이 났다고 하는 말을 적고 있다.

"(백제 국왕 말로) 새상(왕제)는 늘 악담만 하고 있으니 귀국시키도록 하라." 그 종자는 이어서 말했다.

"작년 11월 대좌평 덕적이 돌아갔다. 국모도 돌아갔다. 작년 11월 곤륜 사신을 바다에 밀어 던졌다. 제왕의 아들 교기와 그 누이 네 명 그리고 내좌평 기미 외에 여인 41명이 섬으로 유배했다."고도 말했다.

분명히 백제에 불길한 정치 이변이 있었던 것이다.[1]

서기 643년에 백제는 당나라에 사신을 보냈고 왕은 스스로 군사를 이끌고 7월 중에 40개 신라성을 뺏기도 했다. 이 해 8월에는 대야성을 무찌르고 항복한 성주의 목을 베어 신라로 보냈다. 제 사위가 죽은 것을 본 신라왕은 백제 멸망을 하늘에 맹세했다.

서기 643년에서 653년에 이르는 10년 동안 신라와는 국경 분쟁을 이어갔다. 한 번은 신라가 당항성을 빼앗으려 하자 백제 항의 당이 말렸다고 한다. 백제는 644, 645, 650, 652년에 있다가 당에 사신을 보냈고 왜에도 자주 사신을 보냈다. 654년에는 왜나라가 211명의 학문승을 당나라에 보냈으나 백제는 학문승을 안 보냈다.

신라는 당과 왜와 활발한 외교를 이어갔다. 특히 왜 학문승 겐리는 왜와 신라의 외교에 큰 이바지를 하였다. 서기 655년 백제는 고구려와 더불어 30개 신라성을 차지했다. 한편 656년에는 왕은 궁녀와 놀아나고 술을 이어갔다고 삼국사기는 적고 있다. 무슨 일이 왕의 마음에 일어났는지 실정은 이어갔다. 좌평 성충이 이를 간언했더니 하옥시켰다. 657년에 왕은 서자 41명에게 식읍을 주었다고 삼국사기는 전한다.

이러는 동안 신라와 당은 백제를 무찌르려고 비밀리에 계책을 짜고 있었다. 당으로 유학 간 왜나라 겐리는 신라를 거쳐 귀국한 뒤 신라와 왜 사이의 외교를 추진하고 있었다. 여왕이 다스리는 신라를 당이 우습게 봐서 그랬는지 반란이 일어났고 이를 진압한 김춘추가 이윽고 654년에 왕이 됐다. 647년 4월에 왜를 찾은 김춘추는 왜와 우호 외교를 맺고자 왜를 다녀온 것으로 보인다. 그는 용모가 단정하고 말도 잘 타더라고 일본 서기는 전한다.

659년 당의 강남 지방을 찾은 왜나라 배는 백제 침공 비밀을 위해 억류되기도 했다.

사비성의 함락

의자왕 재위 20년이 되는 660년 6월이다. 환락에 빠진 의자왕에게 뜻밖의 당군 침공 소식이 전해졌다.

소정방이 이끄는 13만 당군이 덕적도에 와있고 신라의 5만 군이 백제로 쳐들어오고 있다는 소식이다. 주색에 세월을 보내던 의자왕은 어쩔 줄 몰라 했고 당황한 신하들도 갈피를 못 잡았다. 어떤 신하는 지친 당군이 끝내 오기 전에 쳐야 한다고 했고 어떤 신하는 신라군을 험악한 탄현재에서 막아야 한다고 하기도 했다.

갑론을박을 하며 허둥대는 백제에 당군은 백강에 와 있고 신라군은 탄현재를 넘어 와 있었다. 다급한 의자왕은 계백 장군이 이끄는 결사대 천 명을 황산벌로 보냈다. 세 곳에 나뉘어 신라군을 맞이한 백제군은 잘 지켰다. 패색이 짙은 신라군의 장수 음춘은 아들에게 신하는 충절을, 아들은 효도를 다 해야 마땅하다. 어려운 고비에 목숨을 걸고 청효를 다해야 한다고 하는 말에 다들 궁상은 적진으로 돌진했다. 어리다고 풀어주었는데도 다시 쳐들어가 전사한 궁상을 본 신라군은 드디어 백제군을 돌파했다.

이러한 격전 끝에 당군과 합류한 신라군에 약속 시간을 어겼다며 장수 처벌을 주장하는 소정방에게 김유신은 그렇다면 당군과 싸운 뒤에 백제군과 싸우겠다는 말에 소정방은 한발 물러섰다.

서기 660년 7월 12일 당·신과 연합군은 사비성을 두른 소부리 벌로 진군했다. 백제는 이들을 맞아 용감히 싸워 만 명이 목숨을 잃었다. 그러나 역부족. 당군은 성내로 밀려왔다. 왕은 한숨 지며 말했다.

"후회가 막심하다. 충신 성충의 간언을 안 들어 이 지경이 됐다."

격전 사흘 만에 의자왕은 아들 효와 더불어 웅진성으로 피신했다. 왕성을 지키던 둘째 아들 태왕자는 성문을 열고 항복했다.

한편 웅진성으로 달아난 의자왕은 성주 녜의 설득에 자진 항복했다. 이 패전 후 의자왕과 아들 융, 왕비, 대신, 장군 등 88명과 12,000명의 포로와 함께 당나라로 잡혀갔다고 한다.

백제 부흥전

서기 660년 8월 2일 사비성에서는 전승자들의 잔치가 벌어졌다. 무열왕과 소정방 장수는 당상에 자리했고 의자왕과 그 왕자들은 왕 아래에 있었다. 의자왕의 술잔을 전승자에게 올리자 백제 신하들은 일제히 통곡했다. 그리고 약탈에 분격한 백제 사람들의 반란이 불길처럼 피어올랐다. 백제는 원래 5군 37현 76만 호가 있었다. 당은 이곳에 다섯 도독부를 두고 직할지로 삼으려 했다. 백제 항복 직후 선왕 무황의 조카이던 귀실 복신은 백제 부흥군을 이끌고 맞섰다.[2] 도침 스님과 함께 주류성을 지키면서 왜땅에 있던 왕자 풍을 새 백제왕으로 모셨다. 이에 서북부에 있던 여러 성들도 반란에 더불었다. 이들 부흥군은 사비성에 있던 당군을 포위했다. 당의 주력군은 귀국하고 소수 당군이 유인궤 지휘 아래성을 지키고 있던 참이다. 서부 은솔 귀실 복선은 좌편 귀지와 함께 입종성에서 항전했고 중부 은솔 여자진은 웅진성에서 군사를 모아 항쟁했다. 10월이 되자 귀실 복선은 사신을 왜로 보내 원군을 청하면서 왕자 풍장을 왕으로 모시겠다고 왜나라에 청했다.

12월에는 왜왕이 쓰꾸시로 행차하여 원군에 앞서 이곳에 무기를 모았다.

　661년 9월에는 왕자 풍장의 귀국길에 5천 명의 군사를 호위토록 했다.

　662년 12월 풍장왕과 좌평 복신 사이에는 수성 이전을 놓고 이견이 생겼다. 그 외에도 둘 사이에는 불신의 골이 깊어졌다. 드디어 풍장왕은 복신을 뺐다. 이 일은 663년 6월에 일어난 일이다. 그 8월 13일 신라는 복신 장수가 참수된 것을 알고 주유성을 둘러내고 쳐들어 왔다. 풍장왕은 이때 성내 장수들에게 말하기를 왜나라 구원군 1만 명이 오고 있는데 자기는 그들을 맞이하러 갈 때는 성을 잘 지켜 달라며 떠났다.

　이해 8월 17일 신라군은 주유성을 에워쌌다. 당군은 170개의 배로 백촌강에 왔고, 여기서 왜 원군은 1,000척의 배와 2만 7천 명의 군사로 맞서 싸웠으나 지고 말았다.[3] 이 패전 후에 풍장왕은 배를 타고 고구려로 달아났다. 그리고는 663년 9월 7일 백제 주유성은 적군에게 무릎을 꿇었다. 이때 백제 유민들은 말하기를, "이제 주유성도 넘어갔다. 어쩔 수 없구나. 오늘로 백제라는 이름도 없어지고 조상 성묘도 못하게 됐다."며 탄식을 했다.

　삼국사기는 여자진이 지키던 성만이 백제군에 남아 있었으나 흑치 상지 장수에게 그만 항복했다고 한다. 이 흑치 장수는 이 이전까지도 백제군 위해 싸웠는데 배신을 한 것이다. 나중에 묘리로 밝혀졌는데 흑치 집안은 백제 왕실 출신으로 중국 강남에 있던 백제 다무로의 화기 집안으로 이곳 풍습이던 흑치를 성으로 삼았다고 한다. 모국의 위기를 듣고 귀국 후 부흥군에 가담한 이는 백제성을 여럿 되찾았고 산성에 의지해 부흥전을 이어갔다. 그러나 무슨 까닭인지 당시 왕자 융을 백제 도독으로 임명한 뒤 당쪽으로 변절했다는 것이다.

흑치 상지는 그 뒤 사타와 더불어 여 자진이 지키던 백제성을 뺏기도 했다. 그 뒤에 흑치 장수는 당 치하 백제 내 요직을 거친 뒤 중국으로 건너가서는 여러 전쟁 끝에 벼슬에 올랐으나 무고로 목숨을 잃었다고 한다. 이 흑치 집안이 다스리던 곳은 현재 중국 관서성 장족 자치구 일대인 "백제허"라는 곳이라며 이들은 오늘까지도 대백제의 후손이라고 자랑한다고 한다.

당나라는 승전 후에 고구려, 신라, 왜 나라에도 도후부를 두려고 했으나 7년 동안 신라와 항쟁한 끝에 그 야심을 거두었다고 한다.

15장

1 우지다니 쓰도무 역 : 일본 서기(下), 강담사, 2012, p. 134(일어).
2 상동 사이메이 대목, 7년 9월, p. 212.
3 상동, 덴찌 대목, 2년 3월, p. 222.

부록

이두란 무엇인가?

부제: 백제말로 지은 만요슈 첫 노래

(I) 들글

이두는 우리 역사를 밝히는 데 도움이 될 수 있다. 미찌/미추홀은 서기 346년까지 존속한 것을 밝힐 수 있었던 것은 위지 한전의 진왕 대목에서 혹가或加라는 말이 꼬까의 이두 표기임을 알 수 있었기 때문이다. 이 글에서는 류렬 저: 「세 나라 시기의 리두에 대한 연구」[1]가 제시한 이두 표기법을 요약하며 만요슈 첫 노래를 본보기로 알아본다.

(II) 밑글

이두 전문가 류렬에 따르면 이두표기에는 세 가지 규칙이 있다.[2]

첫째로 이두 풀이한 말에는 파열음이 없다.

둘째로 이두 풀이한 말은 홀소리 아, 이, 우, 어, 이로 끝나야 한다.

셋째로 ㄹ과 ㄴ은 서로 바뀐다.

실제로 이두 풀이는 한자의 옛 소리를 알아야 하는데 이 옛 한자음의 사전으로 여상숙, 고금음표를 우리는 이용하고 있다.[3]

그런데 이 사전에서 희랍 문자 γ로 표기되는 소리가 있는데 훈민정음에서 쌍 ㅎ인 ㅎㅎ에 대응하는 소리인데 이 소리는 ㄱ 아니면 ㅎ으로 풀이되는 것을 유의해야 한다.

이제 이 이두풀이의 본보기로 일본의 자랑인 만요슈 万葉溁의 첫 노래를 이두로 풀어 보도록 한다.

만요슈란 고대 일본 곧 7세기 가웃에서 8세기 가웃에 이르는 100년 동안에 지은 노래를 모은 책인데 4,516수의 노래가 들어있다. 이 가운데 첫 노래가 유랴꾸천황 곧 昆支/곤니끼왕이 지은 노래이다.

萬葉歌
籠毛與　美籠母乳
布久思毛與美夫君志持此岳你
菜採須兒家吉閑名告沙根虛見津
山踏乃國者押奈戶手吾許曾居師
吉名倍手吾己曾座我許曾者告
目家呼毛名雄母

이 노래의 첫 줄에서 우선 籠은 새(鳥)집의 이두 표기로 보면 새는 새롭다와도 통하며 새로운 집으로도 읽어진다.

모여毛輿는 중고음이 mau-jio로 '모여'로 읽는다.

다음에 모유의 母는 중고음이 məu이고 乳는 뜻이 젖이고 옛말로 지지였다고 보면 이 말의 이두풀이는 마지지 곧 맞이지와 통한다. 그래서 이 말귀는, "새 집에 모여, 아름다운 새 집을 맞이자"로 옮겨 보았다.

다음 줄에서 布久는 중고음이 Piuet-Kieu여서 첫 소리마디를 따서 "후끼"로 읽으면 백제말 확기瓁攴나 고사기의 화기和氣와 통하는 후왕이 란 말이 되겠다. 부군 夫君에서 부는 중고음이 biu이며 '후'로 읽으면 군 君은 임금의 백제 말 기시로 보면 이 낱말은 후끼기시 곧 후왕이 되겠다. 따라서 이 줄의 뜻은 "후왕 사랑으로 모여라 아름다운 임금님 뜻을 지닌 이 언덕"이 된다.

셋째 줄에서 須는 중고음이 siu 곧 수이고 사내를 뜻한다. 虛는 중고음이 Kio이므로 우리말 케어로 보며, 津은 중고음이 tsien이며 '세나'로 읽으면 이 노래마디는 "나물 따는 수아가 좋다면 이름 알리고 뿌리를 캐어 보세"가 된다.

넷째 줄에서 跡은 중고음이 tsiek으로 시끼라고 풀이하면 山跡은 산 시끼라고 본다. 시끼는 백제말로 왕성이다 거수 居師는 중고음이 Kio-Swi이며 기시 곧 임금으로 읽으면 이 글귀는 "산 시끼나라 사람들 눌러 나구서 나만이 임금이니라"가 된다. 시끼는 모노노베 씨가 살던 나라현 사꾸라이시에 있던 옛 지명이다.

다섯째 줄에서 曾은 중고음이 tseng이며 '소'가 될 수 있고. 소는 신령을 뜻하는 백제 말이다. 이 글귀에서 명名자는 밝을 명 明의 오자로 본다. 배倍는 우리말 '밴다'처럼 가득참을 뜻한다.

이 구절은 "길함과 밝음으로 가득찬 나는 천손이로다. 우리야말로 놈에게 알리자"

끝줄에서 家는 집으로 읽고 呼는 '부르다'의 이두로 보면 "눈 찌푸리며, 이름을(소리높히) 이르마"로 읽을 수 있겠다.

따라서 이 노래는 다음 같이 읽고자 한다.

"새집에 모여, 새집 맞이자 후끼님 사랑에 모여, 아름다운 후끼님 뜻을 지닌 이 언덕이니, 나물 따는 사내아가 좋으면 이름을 알려 그 뿌리를 캐어보세. 산시끼 나라 사람들 눌러놓고서 나만이 임금이니 길함과 밝음이 가득한 나는 천손이니라 우리야 말로 놈에 알리자. 눈 찌푸리며 이름을 소리 높이 이르자"

유랴꾸/고니끼가 지은 만요슈 노래를 이두로 읽을 수 있던 까닭은 무엇일까. 백제 후왕인 고마 확기/호루다 와께가 대왜를 세운 것은 서기 397년이고 유랴꾸/고니끼 왕이 왕위에 오른 해는 서기 455년이고 보면 백제 왕실이 대왜에 황실로 들어선 지 58년밖에 안 된다. 당연히 백제말을 이들은 썼을 것이기에 이 노래를 백제말로의 이두로 읽을 수 있었던 것이다. 이 노래에서 유랴꾸/고니끼는 저가 백제 대왕의 후황임을 드러내서 노래하고 있는 것이다. 이것을 알게 된 것은 이 노래를 이두로 읽을 수 있었기 때문이다. 그러나 시대가 갈수록 일본식 이두인 만요가나로 만요슈 노래를 지었을 것으로 생각이 된다.

(III) 맺는 글

이두란 한자의 뜻과 소리를 따서 우리 말을 적는 표기법이다.

위지 한전에서 우리말 '꼬까'를 이두로 혹가或加라고 적은 것을 그동안 몰라서 미찌/미추홀의 참역사를 알 수 없었던 것이다.

이것을 알고 나니 미찌 나라가 서기 346년까지 존속한 것을 알 수 있었고 아울러 김해 김씨네 조상이 '지니찌'이며 3C 당시에 성씨가 없었던 것을 알 수 있던 것이다.

창원 다호리에는 333년 동안 망명 온 신라 왕족이 된 신김씨가 살고 있었는데 삼국사기에 竭火城 곧 가라부리가 곧 창원 다호리임을 이두로 알 수 있었기 때문에 확인할 수 있었다.

그런가 하면 일본 만요슈의 첫 노래가 유랴꾸 곧 고니끼/곤지왕이 지은 노래라는데 일본식 이두 곧 만요가나 대신 이두로 읽어야 그 뜻이 잘 통하는 것을 알 수 있었던 것이다. 유랴꾸/고니까는 이 노래에서 백제의 후왕임을 백제말로 노래하고 있던 것이다.

이렇듯이 이두는 우리 옛 역사를 밝히는 데 요긴한 구실을 하는 것을 알 수 있다.

부록

1 류렬, 세 나라 시기의 리두에 대한 연구, 한국 문화사, 1995.
2 류렬, 세 나라 시기의 리두에 대한 연구, 한국 문화사, 1983.
3 여숙상, 한자 고금 음표, 중화기축, 1993.